PSICOPATOLOGIA FENOMENOLÓGICA DESCRITIVA DO TRANSTORNO DO ESPECTRO DO AUTISMO/ AUTISMO INFANTIL

Walter Camargos Jr.

PSICOPATOLOGIA FENOMENOLÓGICA DESCRITIVA DO TRANSTORNO DO ESPECTRO DO AUTISMO/ AUTISMO INFANTIL

Walter Camargos Jr.

Artesã

Psicopatologia fenomenológica descritiva do Transtorno do Espectro Do Autismo / Autismo Infantil

COORDENAÇÃO EDITORIAL
Karol Oliveira

DIREÇÃO DE ARTE
Tiago Rabello

REVISÃO
Cristhiane Maurício

IMAGEM DE CAPA
Ada Lussy Camargos

PROJETO GRÁFICO E DIAGRAMAÇÃO
Conrado Esteves

C173 Camargos Junior, Walter.

Psicopatologia fenomenológica descritiva do transtorno do espectro do autismo : autismo infantil / Walter Camargos Junior . – Belo Horizonte : Ed. Artesã, 2018.

96 p. ; 21 cm.

ISBN: 978-85-88009-97-4

1. Transtorno do espectro autista. 2. Psicopatologia. 3. Fenomenologia. 4. Autismo em crianças. I. Título.

CDU 159.97

Catalogação: Aline M. Sima CRB-6/2645

IMPRESSO NO BRASIL
Printed in Brazil

ARTESÃ EDITORA LTDA.
Site: www.artesaeditora.com.br
E-mail: contato@artesaeditora.com.br
Belo Horizonte/MG

AGRADECIMENTOS

Agradeço primeiramente à minha família constituinte (avós, tios e tias) em especial a meus pais, Iris e Walter, que me deram condições de vida física, emocional e financeira de poder estudar antes de trabalhar. Também a meus irmãos Jussara, Bira e Edwiges, que muito me ensinaram, mesmo sob pressão.

Agradeço à minha família constituída, em especial minha esposa Taïs, que aceita minha ausência física junto a ela em prol de meu trabalho e estudo. A meus filhos Dante e Ada, com quem muito aprendi, às minha netas Alice e Isis, com quem continuo aprendendo, assim como à mãe delas, Milene.

Agradeço aos professores de Psicopatologia Fenomenológica, Neile Soares, Clóvis Bicalho, Assuero Rodrigues, Ronan Rego, Rodrigo Teixeira e Silvio Veloso. Agradeço muitíssimo ao Raimundo Lippi por todo ensinamento de desenvolvimento infantil, base de todo meu trabalho profissional.

Finalmente, agradeço aos pacientes e a seus familiares que foram meus maiores e melhores professores.

SUMÁRIO

PREFÁCIO

Vi Walter Camargos pela primeira vez nos idos de 1979, no Hospital Colônia de Barbacena, da Fhemig, por ocasião da visita de Franco Basaglia. Eu, estudante participante do III Congresso Mineiro de Psiquiatria. Ele, não faço ideia. Parece que estudava na faculdade de Barbacena. Fisionomias nossas atônitas ante aquela fratura exposta da realidade humana. Protótipos juvenis de psiquiatras.

Lá se vão muitos anos de psiquiatria, ele se enveredando pelas trilhas da psiquiatria da infância, notadamente na difícil e delicada área dos transtornos autistas. Nada mais desejável do que nos presentear com sua experiência acumulada. Neste livro presente, segue a clássica linha da Psicopatologia Fenomenológica, no caso, a Psicopatologia descritiva.

O método fenomenológico proveu respeitabilidade à psiquiatria por seu caráter de precisão na abordagem e descrição das vivências subjetivas mentais destoantes. Claro, não se atinge uma precisão matemática ou uma descrição idealmente idêntica por parte de cada examinador, mas uma descrição sim que nos faz sentir o paciente diante de nós. Aprendemos com a Psicopatologia Fenomenológica descritiva a compartilhar uma realidade comum em meio à qual conseguimos delimitar as vívidas peculiaridades individuais.

É verdade que tanto a Fenomenologia quanto a Psicopatologia Fenomenológica evoluíram muito além dos aspectos descritivos. Influências de Kant, das várias fases de

Husserl, de Heidegger, de Merleau-Ponty, para citar apenas alguns filósofos, impregnaram a psicopatologia e se revigoram hoje em rico movimento de ideias, possibilitando-nos melhor compreender os fenômenos psicopatológicos e a mente, a pessoa como um todo, e incitando abordagem abrangente interdisciplinar de interações multipotenciais. De qualquer modo, tudo parte da observação e descrição acurada dos fenômenos, evitando-se preliminares interferências de explicações teóricas, pressupostos ou preconceitos.

Observação e descrição acurada das disfunções mentais no Autismo Infantil é o que Walter Camargos se propõe a nos mostrar neste livro. Seus longos anos de experiência clínica se expressam ao vivo em nossas mentes, que, de forma nítida, enxergam essa sofrida população de "anjos".

Maurício Viotti Daker

APRESENTAÇÃO

O objetivo deste livro é trazer o assunto Autismo Infantil (AI) clássico, sob a visão da Psicopatologia Fenomenológica Descritiva – material inédito, sem exposição de juízo de valor sobre a qualidade, atualidade, amplitude e praticidade dos demais conhecimentos existentes, sejam da área médica ou de outras. Considerando que a infância é um complexo processo evolutivo e que a Psiquiatria Infantil foi por décadas objeto de trabalho e estudo quase que exclusivo das psicologias e da Psicanálise, e nunca da Fenomenologia, será inevitável que autores de trabalhos sobre desenvolvimento sejam utilizados para compreensão dos prejuízos nas funções psíquicas sob a ótica da Psicopatologia Fenomenológica Descritiva.

O conteúdo deste trabalho está delimitado pelo conceito de Autismo Infantil (F-84-0) – CID-10 (OMS, 1987), e pelo Transtorno do Espectro do Autismo – DSM5, nos graus 3 ou 2, *presente aos 36 meses de idade*, independente da evolução,[1] ou seja, nos quadros em que há evidência de significativos prejuízos do desenvolvimento no início da História Pregressa da criança – quadros antigamente nomeados como "típicos". A matéria não se refere ao conceito de Bleuler de autismo em Esquizofrenia.

[1] Uma pequena fração dessa população pode evoluir na linguagem expressiva verbal, atingir nível acadêmico de 3º grau, ter vida ativa afetivo-sexual, trabalhar e ter independência financeira, enfim uma vida "normal".

Este material parte do pressuposto de que os leitores dominem os conceitos básicos dos temas Autismo Infantil, Transtorno do Espectro do Autismo, Psicopatologia Fenomenológica Descritiva, e tenham experiência clínica.

Pela história foi Husserl quem criou a Fenomenologia no fim do século XIX, havendo diversos colaboradores. O método fenomenológico tem o objetivo central de *descrever a essência dos fenômenos* e, para isso, deve-se valorizar somente o necessário (todo o conteúdo consciente/experienciado que tenha relação com a existência do sujeito), denominado então de redução fenomenológica.

Foi Jaspers, em 1913, quem a aplicou à Psicopatologia com repercussões extraordinárias em toda Psiquiatria, partindo do pressuposto que a apreensão/captação da vivência deveria ser analisada a partir de conversas verbais com os doentes de forma voluntária ou através de perguntas e respostas. Tal técnica possibilitou o aprofundar na estrutura dos sintomas que o doente vivia em sua intimidade – puramente subjetivos.

> *O objeto de la psicopatología es el acontecer psíquico realmente conciente. Queremos saber qué y cómo experimentan los seres humanos, queremos conocer la dimensión de las realidades anímicas... Sin embargo, no es nuestro objeto todo acontecimiento psíquico, sino sólo el patológico.* (Jaspers, 1975)

A nova técnica provocou, obviamente, resistência em muitos dos profissionais da época cujo método era passivo, uma mera observação e descrição dos sintomas, com influência dos conceitos dos examinadores, sem a tentativa de partilhar a mesma vivência do examinado – apreensão da vivência.

O que aconteceu de lá para cá, a partir da incorporação dessa nova técnica/ciência? Com a influência dominadora da cultura americana, também simplificada, transformou o raciocínio compreensivo fenomenológico em agrupamento mnêmico de conceitos de outra ordem, não médica, e categorização de sinais e sintomas.

Como um dos autores, formado em Psiquiatria, confesso que uma das grandes decepções que tive na vida clínica foi que, saindo da Residência em Psiquiatria Geral, deparei-me com a inexistência da Psicopatologia Fenomenológica na Psiquiatria Infantil, então dominada pela psicanálise, e pior, ninguém denunciava. E o que nós psiquiatras fizemos? Adaptamo-nos, incorporando o raciocínio da psicanálise, das psicologias, das outras ciências da saúde, dos algoritmos diagnósticos e perdemos parte de nosso arsenal diagnóstico com significativo prejuízo da "visão psiquiátrica" de nosso trabalho. Então hoje falamos que a criança tem um déficit na pragmática, mas não pensamos na lógica fenomenológica de que, na verdade, ela tem uma desagregação do pensamento, falamos que a criança repete infinitamente uma pergunta e não raciocinamos que isso é um automatismo mental, etc. Como a Psiquiatria Infantil também no Brasil nunca incorporou o uso da Psicopatologia Fenomenológica, fez-se um roteiro ambíguo em que, por um lado, continuamos como há um século e meio, utilizando as descrições sintomáticas dos DSMs, e, por outro, incorporamos conhecimentos e conceitos originários de outras áreas da saúde, como se novidade todas fossem e sem agregar um conceito psiquiátrico à clínica/prática.

Minha expectativa como autor é que parte deste "descaminho" seja corrigida e que o Transtorno Autístico seja citado nas novas edições dos livros de Psicopatologia Fenomenológica seja no Brasil ou no exterior.

1. INTRODUÇÃO

Uma questão importante a mencionar é que, como o paciente é criança e muitas vezes não verbal, não é possível que ele descreva suas vivências íntimas naquele momento. Há então a possibilidade de que algumas delas possam ser respondidas ou relatadas pelos pais[2] e há a possibilidade de que o próprio possa resgatá-la *a posteriori*, mnemonicamente.

Pelo conceito de Jaspers (1975), "... *En todo instante, la totalidad unitaria está fundada en el modo de la vivencia del espacio y del tempo, de la conciencia del cuerpo, de la conciencia de la realidad...*". Isso só é evidente nos marcos normais do desenvolvimento de sete anos de idade, havendo, para isso, necessidade de uma consciência do "Eu" corporal, da existência do "Eu" e sua separação em relação ao mundo externo global e de outras habilidades do aparelho psíquico, e a grande maioria da população, alvo desse trabalho, não atingiu tais pré-requisitos – 70% da

2 Perguntado sobre o comportamento agressivo do filho de forma inesperada ou durante algum tipo de interação, o pai disse que uma vez questionou o filho, o qual lhe respondeu que estava brincando. Questionou também se o filho percebia que o pai não estava gostando, e obteve "não" como resposta. Questionou ainda se o filho percebia que o gesto do pai mudava para insatisfeito e obteve esta resposta; "acho que você está gostando". Ou seja, a criança tem um prejuízo da afetividade (exaltação e modulação) e na consciência da existência de outro eu (outra pessoa), o que afeta o autocontrole (vontade), a atenção e a autocrítica.

população com Autismo Infantil (AI) têm Retardo Mental com comorbidade – Buxbaum (2013).

Seguindo Jaspers (1975): "... *Es verdad que la vivencia individual momentánea es un entrelazamiento mutuo de muchos fenómenos separables en la descripción...*". No universo do AI/TEA (Transtorno do Espectro do Autismo) há uma expressão – rigidez psíquica – que não encontra referência na Psicopatologia Fenomenológica clássica, que pode ser conceituada[3] como a dificuldade de a pessoa perceber a perspectiva da outra pessoa associada à adaptação ao ambiente, ocorrência diferente daquele imaginado/planejado e, consequentemente, à modulação afetiva global associada e à tenacidade de sua opinião primária. Quando se vê uma criança com AI/TEA realizando uma ecopraxia, podemos identificar a presença alterada da percepção, da consciência da existência e atividade do eu, da vontade e do juízo crítico. Nas crianças a integração das funções psíquicas é bem evidente, e seus limites mais tênues, de modo que os prejuízos são sempre nucleares, acometendo gravemente, e por cascata, diversas outras.

Os marcos do desenvolvimento normal (Piaget, 1987; Piaget, 2006; Spitz, 1993; Ajuriaguerra, 1980; Ceron-Litvoc, 2017) ocorrem em um padrão que envolve o amadurecimento neurobiológico, a aquisição de habilidades e conhecimentos e as experiências decorrentes, em sincronia com o tempo propício. Quando isso não ocorre, há prejuízos indeléveis ao paciente criança, pela perda da "janela de oportunidade" do desenvolvimento – plasticidade cerebral, por exemplo: uma criança afetada por AI/TEA que só desenvolveu linguagem verbal em qualidade razoável aos

[3] Nota do autor.

seis anos, fato que deveria ter acontecido aos dois anos e meio, certamente foi, devido a isso, seriamente afetada por prejuízos na capacidade de várias funções psíquicas e, com isso, perdeu incontáveis oportunidades de enriquecimento psíquico na vida. Então, no processo da constituição psíquica dos afetados pelo AI/TEA, haverá perdas, algumas indeléveis, e outras reconstituíveis pela idade e pelos tratamentos.

Pode haver uma grande desarmonia funcional entre as Funções Psíquicas que praticamente impede o desenvolvimento da pessoa/criança, por exemplo: em uma criança de dez anos, um grave prejuízo do curso do pensamento como a desagregação causará um significativo prejuízo da consciência da existência do eu, que por cascata interferirá negativamente na modulação das emoções (já que terá dificuldade de se comunicar e entender, ao escutar o que as pessoas lhe dizem), e na linguagem, que por sua vez interferirá na capacidade pedagógica, na capacidade de interação interpessoal (que nessa idade depende da comunicação verbal – linguagem), etc. Outra situação mais comum é haver um prejuízo equivalente entre as Funções Psíquicas.

O Autismo Infantil é uma desordem neurobiológica caracterizada por um fenótipo comportamental de comprometimento da interação social e da comunicação social acompanhada de comportamentos repetitivos e interesses restritos.

Sobre o Autismo Infantil/TEA deve-se partir de dois princípios básicos:

1) Seu núcleo sintomático está na dimensão da relação humana/social, mas raramente no mundo das coisas, onde pode até ter muito mais habilidade que a população típica/“normal”. Então todas as funções psíquicas fundamentais para o desempenho da

criança compatível com a idade cronológica estarão prejudicadas, como consciência do eu, pensamento, sensopercepção, representação, linguagem, afetividade, vontade, entre outras.

2) É um transtorno que "foi transferido" do grupo das psicoses para o dos transtornos do desenvolvimento a partir da publicação de Ritvo em 1976 (Ritvo; Amnelli, 1976), simplificando sua identificação por meio de critérios mais objetivos. Isso resultou na certificação dos afetados terem prejuízos do desenvolvimento (atrasos dos marcos do desenvolvimento), mesmo que em grau leve, que ficará evidente ao leitor no curso da matéria, já que é a inteligência a função psíquica mais frequentemente prejudicada, até 70% (Buxbaum; Hof, 2013). Então quando houver AI/TEA associado a essa comorbidade, haverá duas origens de prejuízo ao desempenho, donde o desempenho de um indivíduo afetado pelo AI/TEA associado a um QI de 80 será menor que o comparado com alguém que só tenha o mesmo nível intelectivo.

Não é raro examinarmos pessoas/crianças cuja Função Psíquica se mostra tão prejudicada que impede um melhor funcionamento de outras, por exemplo, uma desagregação do pensamento intensa pode interferir na estruturação e funcionamento da consciência do eu, mesmo se sabendo que a última é mais estruturante que o pensamento.

A psicologia cognitiva considera que as Teorias da Mente, das Funções Executivas e da Coerência Central estejam nuclearmente comprometidas nos quadros de AI/TEA. É possível a tradução desse conhecimento para a Psicopatologia Fenomenológica?

Se conceituarmos a Teoria da Mente (Baron-Cohen; Leslie; Frith, 1985) como a capacidade de perceber minhas emoções, sentimentos, crenças e desejos, e a partir daí acessar os estados mentais (pensamentos, crenças e vontades), desejos e emoções dos outros, concluímos que a Teoria da Mente à luz da Psicopatologia Fenomenológica é o retrato da falência da consciência do eu, começando pela da existência do eu e repercutindo nas outras características e em todas as outras funções psíquicas.

A Teoria da Coerência Central (Happé, 1994) refere que as pessoas típicas/"normais" têm uma habilidade inata de perceber o "todo" num primeiro momento para depois se ater ou perceber os detalhes, seja na visão, na audição, no pensamento, na afetividade, etc. e sua falha (fraqueza) gera um estilo percepto-cognitivo inverso. Na dimensão visual, o afetado identifica imagens minúsculas num emaranhado de estímulos (como no jogo dos 7 erros). Na linguagem, durante uma conversa, a pessoa adere a uma palavra, específica, ouvida, que lhe faz mudar o curso do pensamento (desagregação), já que novas e específicas representações ou memórias resgatam sua atenção e vêm à consciência, e num dado momento ela ou não sabe mais o contexto da conversa, ou verbaliza o que está pensando sem nenhuma sintonia com o contexto do discurso em curso.

A Teoria das Funções Executivas (Barkley, 1997) é a mais conhecida, já que é muito frequentemente afetada no Transtorno de Déficit de Atenção/hiperatividade, transtorno bem mais conhecido que o AI/TEA.

Sabemos que a ativação do giro fusiforme ocorre naturalmente à visão de rostos humanos (Schultz, 2003). Porém as pessoas com AI/TEA podem apresentar a mesma qualidade de ativação quando confrontados com "coisas" de seu interesse (Grelotti *et al.*, 2005). Provavelmente isso gera uma hipocapacidade de representação de rostos humanos em relação a objetos que, associada ao vínculo humano de necessidade, de uso, *e não de empatia (afetividade)*, ajuda-nos a compreendê-los um pouco melhor. Isso também explica, parcialmente, o motivo de, com frequência, quando bebês iniciarem a fala através de palavras que representam objetos como helicóptero, carro, posto de gasolina, etc., em vez de mamã e papá, e de não apresentarem a típica "angústia do oitavo mês" descrito por Spitz (1993).

Considerando alguns conhecimentos atuais e que o diagnóstico do AI/TEA é puramente sintomático/clínico, não sabemos ao certo qual é a patologia que estamos tratando nas crianças de tenra idade. Alguns estudos (Sullivan *et al.*, 2012; Khanzada; Butler; Manzardo, 2017) demonstram a presença de genes (carga genética) comuns à esquizofrenia, transtorno bipolar e Autismo Infantil. Supondo que uma clínica precocíssima de um Transtorno Bipolar e/ou uma esquizofrenia, não nuclear, certamente seria deficitária com alguma evolução positiva, o que é encontrado no AI/TEA. Ambos (Bora, 2017; Espinós; Fernandez-Abascal; Ovejero, 2017) geram déficits da Teoria da Mente e das Funções Executivas e, talvez, da Coerência Central - não sabemos ainda. A informação que confirma a suposição inicial é o fato de encontramos maior risco para eventos psicóticos nessa população (Khandaker *et al.*, 2014), fato verificado na clínica.

É importante marcar que o perfil funcional dessas pessoas com suas habilidades específicas, quando adequadamente empregadas, podem ser mais eficazes que dos "neurotípicos"/"normais".

Como autor e apaixonado pelo tema, espero que a leitura seja agradável, interessante, esclarecedora e que possa suscitar novos conceitos, juízos e raciocínios teóricos e/ou práticos.

2. APARÊNCIA

Apesar de a aparência ser o primeiro elemento observado no paciente, e seu exame oferecer indicações sobre o estado de diversas funções mentais, muito pouco foi escrito sobre a aparência nos tratados de psicopatologia. Só será observado o que está aparente, como:

- uso de fraldas, bicos, a aderência a panos ou outros objetos em crianças já em idades em que não é se espera mais a existência disso;
- prejuízos diversos da psicomotricidade;
- hiperatividade;
- cuidados higiênicos e estéticos relativos ao corpo (unhas sujas e grandes, dentes ainda com restos de comida);
- roupas inadequadas e até bizarras para a situação de consulta (em adolescentes e adultos);
- falta ou pouco uso de maquiagem e adereços em mulheres (brincos, colares, pulseiras, etc.).

A observação da psicomotricidade da criança e a consequente identificação de alterações podem revelar preciosidades clínicas.

Em crianças menores (por volta dos três anos de idade), é comum o andar na ponta dos pés, as estereotipias manuais e de braços (*flapping*), a evidência de hipotonia bucal com a permanência da boca aberta para respirar com consequente sialorreia, e hiperatividade. Identificar a presença de déficit no planejamento motor, como a criança trombar em móveis, correr e cair, cair com facilidade, andar e correr de forma desajeitada, e a presença de ataxia são fatores importantes tanto na pesquisa de comorbidades como nos tratamentos.

Em crianças maiores (até 12 anos) e em adolescentes, ainda é frequente o andar na ponta dos pés e estereotipias. Neles e nos adultos, com inteligência preservada, é comum a presença de um andar grosseiro e sem fluidez, assim como disgrafia, e na História Pregressa é rara a informação do prazer, de constância e de habilidades em atividades físicas, individuais ou grupais.

3. ATITUDE

Em crianças menores (por volta dos três anos de idade), a atitude padrão é a presença de uma *constante* indiferença à presença do examinador e mesmo dos pais no consultório, quando o esperado seria ela apresentar afetos diversos ao longo da consulta, sejam positivos (curiosidade, alegria), negativos (medo) e neutros (expectativa).

O que normalmente encontra-se é:

- a presença do choro no início da consulta, com adaptação dela ao longo da consulta;
- choros, auto ou heteroagressividade em situações de frustração, frequentemente uma incontinência afetiva;
- puxar os pais pela mão para ir embora, usualmente sem olhar para os olhos deles (sem o comportamento interativo esperado e adequado);
- deitar no chão, brincando ou não;
- entrar e ficar sob a mesa e/ou cadeiras;
- hiperatividade;
- andar ao léu durante a consulta, sem exploração do ambiente;
- andar na ponta dos pés;
- estereotipias como *flappings*;

- ecopraxia[4] com ou sem sonorização;
- "pedir" comida "o tempo todo";
- não responder aos comandos verbais dos pais ou do examinador, realizados em tom não alto;
- não entender os comandos verbais dos pais ou do examinador, realizados em tom não alto, etc.

Diferentemente da psicopatologia utilizada no atendimento do adulto em que o tema é focado no paciente, em PIA a atitude dos familiares e/ou responsáveis é muito importante, como:

- a mãe, diferentemente do pai, antecipa-se à resposta da criança, seja respondendo ou dando dicas que facilitem a resposta;
- é comum haver uma dissociação, entre o posicionamento atitudinal dos pais diante dos fatos conversados;
- não é raro algum ou ambos os pais apresentarem tanto inadequações afetivas como de interação social;
- deve-se avaliar se os pais são ativos ou passivos em relação às atitudes inadequadas e/ou de risco, realizadas pela criança, como subir na cadeira e se debruçar no peitoril da janela, ou àquelas que o examinador solicitou que eles interferissem;

[4] Repetir fielmente gestos simples e sequências, falas, prosódias, posturas corporais, entre outros, memorizados e que por algum motivo foram imantados de afetos positivos. É uma vivência, não um simples ato, de modo que, diferentemente do encontrado nas crianças até quatro anos com desenvolvimento normal, a pessoa "incorpora" as qualidades do personagem e sem interferência externa pode-se prolongar por horas. Também, se a criança é questionada sobre quem está fazendo aqueles gestos/falas, a resposta pode ser: o personagem, e não ela própria.

- o esperado é que, numa consulta de diagnóstico, a mãe chore, e não o pai, ao receber a confirmação diagnóstica.

Em crianças maiores (até 12 anos), vários comportamentos se mantêm, como a falta de noção de perigo; o demonstrar satisfação em ficar ou brincar no chão ou embaixo da mesa, de jogar objetos para o alto, pela janela; vir à consulta trazendo brinquedos (atitude normal no máximo para até sete anos); o utilizar a movimentação motora, o choro ou a oposição como reação em substituição à comunicação verbal – linguagem; o comportamento claramente oposicionista de sentar de costa para o entrevistador; não conseguir nem aceitar entrar no consultório sem a companhia dos pais, etc.

A atitude mais evidente é a menor frequência do olhar para o entrevistador durante toda consulta, desde quando entra no consultório e durante a entrevista; a desinibição de colocar os pés na mesa ou na parede; repetir falas sem contexto, repetir perguntas até que sejam respondidas da forma que deseja; responder em tom interrogativo; a hiperatividade, seja sentado seja andando pela sala e mexendo em tudo, assim como o déficit da atenção voluntária na falta de resposta às perguntas formuladas pelo entrevistador. Outra atitude comum é a presença de solilóquio (o falar sozinho, como se estivesse "pensando alto" ou conversando consigo mesmo).

Em adolescentes e adultos, com inteligência preservada, algumas atitudes se mantêm, como a menor frequência do olhar para os olhos do entrevistador, principalmente quando estão pensando uma resposta à questão formulada, como se não conseguissem fazer mais de uma "coisa" ao mesmo tempo, como olhar, pensar e responder; a desatenção; a resposta em prosódia interrogativa, etc.

Apatia e desinteresse no entorno, quanto a pessoas e/ou coisas, são comuns nessa faixa de idade e em adultos,[5] mesmo para aqueles que têm inteligência preservada. Em mulheres, adolescentes e adultas, o mais evidente é uma mímica facial mais pobre.

[5] Inclusive com relatos compatíveis com desvitalização e não necessariamente ligados ao rebaixamento do humor, já que não há significativa melhora sintomática com uso de antidepressivos. Consequente a isso, as mulheres adolescentes e adultas são tratadas para depressão sem análise do quadro.

FUNÇÕES PSÍQUICAS

4. ORIENTAÇÃO

Orientação é a capacidade de se situar em relação a si mesmo e ao ambiente. Não é propriamente uma função psíquica, mas um epifenômeno de outras como a percepção, a atenção, a memória, o pensamento, a inteligência, a afetividade e a consciência do eu.

A orientação divide-se em:

- *Autopsíquica, quando se refere à própria pessoa;*
- *Alopsíquica, quando se refere ao mundo externo e pode ser subdividida em: orientação temporal, orientação espacial, orientação quanto às outras pessoas e orientação situacional.*

Em crianças menores (por volta dos três anos de idade), a pesquisa da orientação autopsíquica está prejudicada tanto pelo prejuízo da fala quanto da compreensão de perguntas básicas. Em crianças maiores (até 12 anos), adolescentes e adultos, a pesquisa da orientação autopsíquica estará prejudicada naqueles afetados pelo Retardo Mental.

A orientação situacional está muito prejudicada nessa população, seja por serem de pouca idade, seja porque geralmente são levadas à consulta sem uma explicação prévia, seja porque também são enganadas quanto ao objetivo da ida ao consultório. É comum os afetados, independente da idade e inteligência, mesmo ajudados com dicas, não conseguirem saber a função do consultório e, questionados, respondem que é dentista, uma loja (de livros, por exemplo), que é uma sala de aula, etc.

A orientação alopsíquica espacial geralmente é ótima[6] e usualmente desde tenra idade, relatado por pais que, por exemplo: ao mudar o caminho para a escola, a criança percebe a mudança de rota e se manifesta indicando com a mão a direção correta.

[6] Como se tivesse um GPS interno

5. ATENÇÃO

Atenção (Cheniaux, 2015) *é o processo pelo qual a consciência é direcionada para determinado estímulo (de origem externa ou interna, sensorial – uma imagem perceptiva ou representativa, um afeto ou um pensamento), em detrimento dos demais (distratores externos e/ou internos), adquirindo, assim, maior clareza e nitidez. A qualidade das funções psíquicas memória,* consciência, *vontade e afetividade influencia diretamente na eficácia da atenção.*

Do ponto de vista da função psíquica vontade, temos a atenção voluntária e a atenção espontânea.

Em relação aos tipos de atenção há:

- *atenção concentrada, que se refere à capacidade de prestar atenção a determinados estímulos;*
- *atenção seletiva, que se refere à capacidade de ignorar os distratores;*
- *atenção dividida, que representa a distribuição de nossos recursos de atenção entre duas ou mais tarefas que realizamos ao mesmo tempo;*
- *vigilância, que é o controle executivo que envolve a espera de um estímulo, podendo surgir a qualquer momento, para a execução de uma ação parcialmente planejada, por exemplo: o salva-vidas tem que estar atento e agir rapidamente, caso veja alguém se afogando;*
- *sondagem, que consiste na procura ativa por um estímulo em particular.*

A atenção compartilhada – que não é objeto de estudo da Psicopatologia Fenomenológica clássica e que é a habilidade de alternar o olhar entre o adulto e um objeto, e compartilhar o próprio interesse e o interesse do outro através do olhar e do apontar, seguir o olhar e reconhecer a intenção – é fundamental no processo de desenvolvimento infantil (a maioria das crianças entre 8 e 10 meses já conseguem, e todas entre 11 e 14 meses) (Scaife; Bruner, 1975). Ela fornece informações à criança sobre seu ambiente vindo de um terceiro, assim como permite que ela se comunique gestualmente e verifique se o outro entendeu. Seus pré-requisitos são o olhar para o terceiro, alguma capacidade de percepção de existência do eu e dos limites do eu, ter como realidade a existência do outro diferente do eu, possuir intencionalidade de comunicação e consequentemente de interação e algum nível de representação mental.

Até por volta dos três anos de idade, quando a atenção voluntária é naturalmente diminuída, encontramos os relatos dos pais daquelas afetadas pelo AI/TEA, que elas conseguem se engajar por menos tempo ainda, nas brincadeiras e tarefas. Por outro lado, a atenção espontânea está quase sempre aumentada, exceto naquelas que apresentam um processamento global mais lento (maior latência para respostas).

Partindo do pressuposto da reversibilidade da lógica e que a atenção é a função psíquica nuclear da consciência (*"La conciencia clara dentro de todo el estado de conciencia se lhama atención... La atención es la condición de la claridad de la vivencia..."*, Jaspers, 1975), e que ela está diminuída em persistência, duração, divisão de foco, interesse, etc., a consciência estaria diminuída em seu campo?

Em crianças maiores (até 12 anos) e adolescentes, sem Retardo Mental, o padrão é a presença de menor atenção voluntária (atenção concentrada e vigilância), em grande parte prejudicada por desinteresse (função psíquica afetividade e vontade) na interação com o entrevistador, na conversa ou no brinquedo disponível no momento. Ao exame clínico, durante uma conversa, é evidente o prejuízo desses tipos de atenção em duas situações diferentes, a saber, o paciente responde às perguntas com "Ã!, o quê?", e o examinador precisa repetir a pergunta, quando há uma mudança súbita do direcionamento dos olhos e um olhar vago; e se o entrevistador parar de falar, o examinado ficará parado por instantes e poderá "voltar à cena" sem nada comentar, como se não tivesse percebido a interrupção da conversa, ou "volta à cena" perguntando "Ã!, o quê?". Pode também ser verificada a presença da atenção dividida involuntária, "automática", entre o conteúdo da conversa com o entrevistador e seus pensamentos não relacionados ao assunto, identificado quando o examinador não repete a pergunta, mesmo sob solicitações do paciente, ou fala "pare, pense, lembre e me responda sobre o que falei", e o examinado consegue resgatar a informação e responder adequadamente.

Hiperfoco com prejuízos diversos, principalmente a noção do tempo, ocorre quando a pessoa realiza algo em que tem interesse e prazer, em que a afetividade intervém. O inverso acontece gerando uma baixa capacidade de percepção (Paim, 1989), mesmo em ambiente potencialmente hostil.

Em adultos, com inteligência preservada, o padrão é similar, porém com menos intensidade, exceto pela manutenção do hiperfoco seletivo e a maior frequência de latência aumentada às respostas, notadamente nas mulheres.

6. MEMÓRIA

É a capacidade de registrar, manter, evocar experiências, sejam afetivas, perceptivas (visuais, verbais, etc.) ou motoras, e são dependentes de três fases: aquisição, retenção e evocação. Sua qualidade depende da interação com outras funções psíquicas, como a atenção, a consciência, a representação, a vontade e a afetividade, assim como da repetição do evento e sua associação com outros elementos, usualmente da cadeia afetiva (Cheniaux, 2015).

Sobre a interação entre as funções psíquicas memória, representação e pensamento, Caio Prado Júnior (Paim, 1989) afirma: "*O que se grava na memória por efeito de percepção, a impressão que ela deixa e que constitui a imagem ou representação mental de objeto percebido, é um processo, um movimento do pensamento, e não uma situação estática*".

Em relação ao tempo de existência podemos separar os processos mnêmicos em (Cheniaux, 2015):

1. Curto prazo

1.1. Memória de curto prazo propriamente dita;

1.2. Memória operacional ou de trabalho, em que há uma atividade mental, psíquica, concomitante à retenção da memória, por exemplo, quando a mãe dá uma ordem de várias etapas à criança, como: vá ao seu quarto, no armário perto da janela, abra a gaveta de baixo e pegue a camisa verde – ordem de quatro etapas.

2. Longo prazo

2.1. Explícita: são informações registradas que podem ser evocadas voluntariamente e expressas verbalmente;

2.1.1. Episódica: refere-se a vivências pessoais do indivíduo vinculadas a determinado local e ocasião, como: "caí da escada";

2.1.2. Semântica: refere-se a fatos compartilháveis com outras pessoas, como: "gosto de sorvete";

2.2. Implícita: refere-se ao aprendizado de como fazer as coisas, sendo automática e reflexa, de modo que a melhora do desempenho se dá em função de sua repetição, que não pode ser expressa em palavras e que independe da recuperação consciente das experiências que produziram o aprendizado;

2.2.1. Memória de procedimento: refere-se a práticas e habilidades motoras, como andar de bicicleta, perceptivas, como entender mapas, e cognitivas, como ler e escrever;

2.2.2. Condicionamento clássico e o operante. O clássico é *aquele em que há um estímulo definido e uma resposta esperada, e o operante* é *a consequência que uma resposta produz no ambiente onde o reforço leva a um aumento da resposta e a punição ao contrário;*

2.2.3. Pré-ativação ou facilitação: a exposição prévia ao estímulo favorece o seu reconhecimento posterior a partir de fragmentos dele, como na usual brincadeira de família, quando se espera que a criança complete a frase: "um, dois, três e...". A pré-ativação representa uma maior facilidade no reconhecimento que se baseia na aparência e na forma do estímulo, e não no seu significado semântico, de modo que seu uso auxilia as pessoas com distúrbios da memória explícita.

Uma das maiores habilidades que a população acometida pelo AI/TEA possui é a memória visual, provavelmente catalisada pelo pensamento do tipo visual, que pode ser verificado pelos relatos de familiares,[7] como a conduta delas durante a consulta ao "pedir" os brinquedos que usou e gostou na última consulta, às vezes muitos meses ou anos depois. Grandin (1995) afirma:

> I store information in my head as if it were on a CD -ROM disc. When I recall something I had learned, I replay the video in my imagination. The videos in my memory are always specific... I can run these images over and over and study them to solve design problems.

Ou seja, é uma memória com características eidéticas – *imagem eidética* (Dalgarrono, 2008) é *a evocação voluntária de uma imagem de forma muito precisa, com características semelhantes* à *percepção.*

Outra evidência clínica são as ecopraxias que as crianças realizam durante as consultas, quando fazem os movimentos e sonorizam ou cantam, e os pais, ao serem questionados, respondem que é a repetição de um dos vídeos que o/a filho/a assiste com frequência, senão repetidamente.

Em contrapartida, nas crianças por volta dos três anos de idade, a memória verbal (Barkley, 1997) social é praticamente inexistente já que elas ainda estão, em geral, não verbais socialmente, embora não seja raro que essas mesmas crianças decorem as falas de personagens de vídeos que gostam (função psíquica afetividade) e assistem repetidamente, assim como sabem o nome de letras, números e cores em inglês decorados dos vídeos preferenciais.

Em crianças verbais (até 12 anos), a memória precisa com frequência ser ativada, facilitada para ser expressa como

[7] Por exemplo, recordam-se de lugares onde foram há anos, do local ou prédio onde é o consultório.

se a real dificuldade fosse a fase de evocação. Considerando que a qualidade da memória é dependente da eficácia de outras funções psíquicas como da afetividade, da vontade (duas funções psíquicas seriamente comprometidas pelo egocentrismo) e da atenção. Tanto do ponto de vista clínico sintomático seja por comorbidade com TDAH, como síndrome, a memória operacional também estará prejudicada. Tais questões interferirão negativamente no desempenho acadêmico dessa população.

Em adultos a memória de trabalho também estará afetada tanto em virtude da comorbidade com a constelação sindrômica do TDAH, quanto da desatenção clínica que traz prejuízos na *performance* cotidiana, talvez pela influência do "desinteresse" (afetividade) e hipobulia no tema em questão e às tarefas necessárias, mas não prazerosas, para o enfrentamento.

7. CONSCIÊNCIA

Jaspers (1975) conceitua como "al todo da vida psíquica momentánea lo llamamos de conciencia.

Do ponto de vista semiológico (MIRANDA-SÁ JR., 2001), *distinguem-se dois processos: 1) velocidade ou a prontidão da ativação (prontidão de alerta) que revela a eficácia da mobilização da atenção; 2) grau de lucidez da* consciência – *clareza com que se dá a integração dos processos psíquicos de um instante na vigilância*. A Psicopatologia Fenomenológica clássica traz patologias do estreitamento do campo e do rebaixamento da consciência, este último em nada relacionado ao AI/TEA.

Embora o termo campo da consciência não seja, literalmente, utilizado por Jaspers, subentende-se como: "... *Así nuestra conciencia momentánea no es en todas partes homogénea. En torno al ponto de fixación de la conciencia se extiende un campo visual que se vuelve cada vez más obscuro hacia la periferia. Sólo un ponto está en la conciencia más clara... Del centro de la conciencia entera parten matices hasta lo indistinto...*".

Do ponto de vista da relação da consciência com a atenção, há muita similaridade entre os relatos de Jaspers, Paim e Grandin:

> La conciencia clara dentro de todo el estado de conciencia se llama atención... La atención es la condición de la claridad de la vivencia... La ausencia de atención o la atención plena pueden ser condición de la aparición de las equivocaciones de los sentidos.

> Por ejemplo, algunos errores sólo son posibles en los estratos inferiores de los grados de atención. Desaparecen inmediatamente cuando se lleva hacia ellos la atención plena. (Jaspers, 1975)

> Sem atenção, a atividade psíquica se processaria como um sonho vago, difuso e contínuo como nos estados inconscientes, nos delírios oniróides, que confinam como um sonho verdadeiro, a distração, o sonho, consistindo justamente em uma impotência apara a atenção ou na sua falta (Paim, 1989)

> People with more severe autism have difficulty stop endless associations... (Grandin, 1995)

Isso pode levar ao questionamento quanto ao fato de o contrário também ser verdadeiro – ou seja, o rebaixamento da atenção pode gerar algum grau de menos plenitude da consciência.

Continuando com Paim (1979) e Ey (1976):

> ... a mudança constante. A consciência não constitui algo estático, imóvel. Ao contrário está em contínuo movimento. De maneira incessante as ideias se desenvolvem... (Paim, 1979)

> ... De modo que la articulación de la transcendencia del Yo y de la immanencia de su experiencia se opera necesariamente en el campo de la experiencia. Nada, en efecto, pude ser "pensado" que no sea vivido... El ser consciente está estructurado como una reverberación del Yo sobre su experiencia... (Ey, 1976)

Confrontando com uma das características clínicas fundamentais da população AI/TEA que é a tendência a imutabilidade das vivências ou experiências (manutenção das rotinas, e conteúdo dos prazeres, etc.) e a aversão, resistência e fuga a novidades, pode-se supor que ideias novas são raríssimas. Ou seja, há outra "qualidade funcional" da consciência.

Seguindo Paim e Jaspers, na relação com a consciência do eu:

> ... A consciência pode ser considerada, do ponto de vista psicológico, como um processo de coordenação e de síntese da atividade psíquica. Neste processo podem-se destacar de um lado a consciência do eu e de outro a consciência dos objetos...
>
> Por conciencia entendemos primeramente la interioridad real de la vivencia... en segundo término la escisión sujeto-objeto... en tercero lugar, el conocimiento de la conciencia en torno a sí misma (conciencia de sí) – auto reflexión sobre o vivido.

O questionamento consequente é que, se há prejuízo na consciência do eu, então, novamente, a população AI/TEA vivencia a consciência em outra ordem, sem plenitude.

Enfim, considerando os conceitos acima e o fato de as crianças e pessoas, em geral, com AI/TEA apresentarem desatenção clínica, baixa reciprocidade social, desinteresse por experiências novas, limitação da consciência do eu, hiperprosexia nas representações mentais automáticas (automatismo mental), atenção seletiva, inflexibilidade psíquica, déficit na Teoria da Coerência Central etc., elas devem vivenciar um campo de consciência mais estreito, limitado e seletivo. Avalio como não sendo possível compartilhar esse tipo de vivência seja pela sutileza, seja por sua incompreensibilidade, como a de um delírio. Uma mãe me disse "Ele não vê a comida que está na geladeira, mesmo que a abra muitas vezes e esteja com fome, talvez porque não seja o que está acostumado a comer. Quando perguntado se ele viu 'o queijo', ele responde que não – ele não gosta de queijo". Outra mãe falou que a filha passa ao lado das crianças como se não as visse, mas vai direto ao brinquedo que elas carregam, toma-o e continua "não vendo" as crianças.

8. CONAÇÃO, IMPULSO E VONTADE

Essa é uma das funções psíquicas mais afetadas na população com AI/TEA, seja pelo prejuízo no processo volitivo e consequentemente o aumento da impulsividade, assim como pelo prejuízo da função psíquica afetividade devido ao atraso maturacional potencializado pelo egocentrismo.

Conação (CHENIAUX, 2015) é *o conjunto de atividades psíquicas direcionadas para a ação, impulsos e a vontade. Impulso representa um estado interno, uma vivência afetiva, que induz o indivíduo a atuar no sentido de satisfazer uma necessidade, basicamente uma necessidade corporal. Os impulsos não devem ser confundidos com os instintos, que consistem em predisposições inatas à realização de comportamentos que servem à conservação da vida ou à perpetuação da espécie. Por sua vez, a vontade constitui um processo psíquico de escolha, uma atividade consciente de direcionamento da ação, influenciada por fatores psíquicos, intelectivos e socioculturais.*

Os ***atos*** *impulsivos caracterizam-se por serem súbitos, incoercíveis, incontroláveis, incompreensíveis ao observador e desprovidos de finalidade consciente, portanto, não seguem as etapas do processo volitivo, pois a partir da intenção vão direto para a execução. Então eles ocorrem em função de um aumento da intensidade dos impulsos ou de um enfraquecimento dos mecanismos de inibição e refreamento.*

Já o processo volitivo divide-se em quatro etapas: a intenção, a deliberação, a decisão e a execução. A fase de intenção está intimamente relacionada aos impulsos, enquanto a fase de deliberação consiste numa ponderação a respeito das alternativas de ação, sendo analisados os aspectos positivos e negativos, assim como as possíveis implicações de cada uma, ou seja, onde o processo de autocontrole tem atuação central. A fase de decisão representa a opção por uma dessas alternativas de ação e a fase de execução refere-se à ação.

Em crianças por volta dos três anos de idade, quando já é esperado algum grau de autocontrole, encontramos basicamente atos impulsivos, hiperatividade, estereotipias, choros e birras desproporcionais ao fator causal (incontinência afetiva), jogar objetos para cima ou pelas janelas, comer a todo instante, etc. Nos afetados por Retardo Mental, é mais frequente as auto e heteroagressividades, a destruição de objetos (roupas, móveis, colchões, papel, etc.) – frangofilia. Já nessa idade é comum a presença de repetições de atos ou comportamentos gerais, do brincar, de escutar a mesma música ou o mesmo vídeo, ou a mesma parte de um dos dois, e só aceitar a mesma alimentação. Os rituais[8] (repetição de uma sequência de fatos num momento específico para que o protagonista realize um comportamento específico) e rotinas, como sentar sempre no mesmo lugar, querer sempre a mesma roupa, etc., podem ficar tão rígidos que se tornam "escravizantes" a ela e aos familiares.

Em crianças até 12 anos, com desenvolvimento normal, todo o processo volitivo já deve estar presente nas situações básicas sejam de prazer ou obrigações. Nas crianças com AI/TEA, nessa faixa etária fica evidente a hipobulia em relação às obrigações e compulsões (egosintônicas, não associadas a ideias obsessivas e sem tentativa de resistência)

[8] Nota do autor: pessoas descritas pelos familiares como metódicos.

às atividades que geram prazer[9] (jogos, vídeos, etc.), mesmo que cognitivamente a criança perceba que tal conduta lhe é ou será prejudicial no futuro próximo, não havendo, portanto, demonstração de preocupação com o futuro. É também comum a presença de automatismos psíquicos (Dalgarrono, 2008), conhecidos na prática como perseverações, em que há o surgimento de elementos psíquicos primitivos, espontâneos e automáticos na forma de representações, pensamentos, afetos, etc., muito precariamente controlados pela atenção voluntária. As repetições mantêm-se nos interesses básicos e ampliam-se, como a repetição de perguntas, quando a criança que já recebeu a resposta a renova, às vezes com a expectativa de que se responda com as palavras, na ordem e com o timbre de voz que ela quer, ou mesmo uma repetição por si própria como um automatismo mental. É frequente o apragmatismo para as atividades diárias básicas, como a higiene pessoal (banho, troca de roupas, higiene íntima, corte e limpeza das unhas, escovação dos dentes, etc.).

Nesse período de vida, o negativismo passivo fica mais evidente quando diante de um comando, percebe-se que a criança escutou, compreendeu e não o realiza mesmo sob coação física, e muitas vezes ela prefere não fazer algo (muitas vezes de valor irrelevante) a perder ou ganhar uma vantagem de que gosta.[10] Seu contrário, obediência automática, também

[9] Nota do autor: um paciente com Síndrome de Asperger, em fases de compulsão por assuntos extracurriculares, parava de estudar as matérias escolares para estudar aquelas de seu interesse e, mesmo com as péssimas notas, deixava as compulsões, precisando ser medicado para tal objetivo.

[10] Nota do autor: um paciente de 11 anos preferia não usar uma determinada roupa a ficar sem jogar vídeo game por uma semana, o que ele fazia com frequência e adorava.

é presente, mesmo trazendo muitos prejuízos à criança e após ela ser alertada e orientada a não realizar.

Episódios de descontrole da agressividade, desproporcionais aos fatores desencadeantes - incontinência afetiva - são clássicos nessa população em todas as faixas etárias e às vezes mais comuns em ambientes familiares.

Em adultos, com inteligência preservada, encontramos tudo o acima descrito em graus menores, mas chama muita atenção o apragmatismo voltado para a automanutenção financeira, mesmo em indivíduos com boa capacidade intelectiva.

9. PSICOMOTRICIDADE

O movimento é o pensamento em ato, enquanto o pensamento é o movimento sem ato. O movimento (ação), pensamento e linguagem são unidades inseparáveis e estão diretamente relacionados com a execução – etapa final do ato volitivo. Segundo Wallon (Nogueira *et al.*, 2017), *"o movimento é o primeiro instrumento do psiquismo".*

O desenvolvimento motor propriamente dito evolui em três fases (Ajuriaguerra, 1980)*: 1) organização motora e proprioceptiva, 2) integração motora simultânea, 3) automatização dos aprendizados adquiridos. É pela motricidade e visão que a criança "descobre" o mundo dos objetos. Explorando-os através da manipulação (segurar, colocar na boca e largar) e pela aquisição da noção espacial entre ela e o objeto é que ocorre a elaboração da vivência e o protótipo de representação mental do mundo dos objetos. A referência do corpo, e seu "domínio", assim como da imagem corporal ("Eu" corporal), ou seja, o início do processo da consciência da existência do eu, ainda limitado ao* âmbito *corporal, depende dessa exploração. Essa vivência é pré-requisito para a posterior capacidade de imitação, que, segundo Piaget (2006), ocorre sistematicamente a partir do sexto mês de vida, sendo o que possibilita a passagem da etapa sensório-motora para a habilidade de representação mental e consequente simbolização propriamente dita. Considerando isso como princípio*, a vivência de uma estruturação psicomotora normal é pré-requisito para a estruturação de todo arcabouço psíquico.

O que encontramos nas crianças com AI/TEA? A maior parte delas tem atrasos significativos em seu Histórico Pessoal desde tenra idade, o que proporciona um comprometimento de todo encadeamento acima relatado. Até os três anos de idade, a maioria está puramente na fase sensório-motora (Piaget, 1987), sem demonstrar nenhum indício da dimensão representacional, utilizando a boca como instrumento de conhecimento do mundo das coisas, ou como um comportamento repetitivo e talvez reflexo, ou como autoestimulação sensorial, não explora o ambiente, e fica indo e vindo aos espaços livres e subindo nas cadeiras e mesas sem objetivo específico que não seja o sensório-motor.

Nas crianças maiores, a motricidade fina, a coordenação visual-motora e as praxias em geral, inclusa a praxia fonatória, são um grande obstáculo. *Praxia é uma habilidade humana que requer esforço consciente e capacidade para conceituar, organizar e dirigir interações significativas com o meio ambiente* (Lambertucci; Magalhães, 2005). Isso inclui a capacidade de representação (ter uma ideia), planejar uma ação (planejamento) e a capacidade para executar a ação. Por exemplo, quando uma criança pequena vê um velotrol pela primeira vez, ela é capaz de imaginar (traduzir ideia em ação – capacidade de representação operativa) como subir ou descer dele sem receber instruções. Por outro lado, a dispraxia é a dificuldade para planejar e executar atividades motoras não habituais. Pessoas e crianças dispráxicas parecem pouco criativas, brincam de maneira repetitiva, pois têm dificuldade para pensar em novas formas de interagir com os objetos, precisando de modelos externos (outras crianças) para entender o que fazer com os brinquedos. Assim sendo, acabam dependendo de terceiros (imitando) para adquirir a vivência em interações com o ambiente, o que perpetua suas dificuldades.

A maioria da população AI/TEA com até os cinco anos ainda é ou não verbal ou muito pouco verbal, ainda não se referem a si na primeira pessoa pronominal "Eu", há nenhuma ou muito pouca utilização dos recursos gestuais para a comunicação e interação, como apontar o que quer para mostrar ou partilhar interesse, ou seja, não se alcançou um "Eu" corporal, início do processo da consciência da existência do eu. Assim sendo, sua capacidade de imitação estará muito limitada e por consequência toda a cascata das habilidades simbólicas.

Em crianças de mais idade, os prejuízos do Eu corporal são evidentes nos desenhos de figuras humanas, que são expressos, geralmente, de forma rudimentar, primária, de modo que as pernas e braços têm origem na cabeça, sem corpos propriamente ditos – figuras palito, onde há a cabeça, o tronco e abdômen indistintos em um traço de onde saem braços e pernas.

Estereotipias motoras, hiperatividade e ecopraxia são três distúrbios comumente encontrados.

Estereotipias motoras são ações motoras de grandes grupos musculares, como balançar os braços e mãos, dar saltos, girar a cabeça ou tronco, manipular objetos, desprovidas de finalidade e de sentido, sendo repetidas de maneira uniforme, e têm caráter crônico. Ocorrem com mais frequência em momentos de alegria, excitação e quando estão sem uma atividade dirigida, estão à toa. A mais comum são as de movimentos com os braços como se fossem asas (*flapping*), mas podem ser menos perceptíveis, como simples movimentos de dedos, de postura corporal, geralmente extravagante, durante longo tempo. A hiperatividade, também muito frequente, caracteriza-se por um aumento patológico da atividade motora. O conceito clássico de ecopraxia é a repetição de gestos, postura, fala ou expressão fisionômica de pessoas, cenas e vídeos que trazem prazer ao sujeito da ação, mas, na população com AI/TEA, o que identificamos é bem mais complexo que isso, sendo na verdade uma incorporação do personagem em que o sujeito da ação se percebe como o personagem e tem muita dificuldade de distinguir esse fenômeno com a realidade.[11]

[11] *Vide* capítulo Atitude.

10. SENSOPERCEPÇÃO

Jasper chamou a sensopercepção de consciência de objeto.

Pedagogicamente, a função psíquica denominada sensopercepção (Dalgarrono, 2008) *é separada em sensação de percepção. A sensação é um fenômeno passivo, físico, periférico e objetivo, que ocorre pela via sensorial, como cor, forma, temperatura, textura, timbre, sabor, etc. A percepção é um fenômeno consciente, ativo, psíquico, central e subjetivo, resultado da integração das impressões sensoriais parciais com as representações.* Então é responsável pela identificação, reconhecimento e discriminação dos objetos, dando, assim, significação às sensações, por exemplo: a criança vê um objeto na mão do pai (sensação), reconhece que é a chave do carro (percepção), o pai vai sair de carro (apercepção).

O termo apercepção foi introduzido pelo filósofo Leibniz (1646-1716) (Paim, 1989; Dalgarrono, 2008), significando a plena entrada de uma percepção na consciência e sua articulação com os demais elementos psíquicos, ou seja, reconhecimento do material percebido com o preexistente e consequentemente seu significado e consequências possíveis.

A apercepção espontânea ocorrida no mundo social e cotidiano, quando não relacionada a um interesse específico, é muito prejudicada nessa população. Eles "veem e não enxergam" o que se passa, ou o que é dito e que lhe faz referência, de forma não declarada por terceiros, mesmo que lhe seja muito importante, por exemplo: paciente, com inteligência preservada, foi assaltado seis vezes, já que dizia não identificar ou perceber o perigo que a imagem real, percebida (vista) de um "pivete" significava situação de perigo. Seu pai, quando andava com ele na rua, relata que precisava falar e dar comandos para que ele identificasse e processasse as potenciais informações de perigo, "mas ele não aprendia" (segundo o pai) – não automatizava.

O processo de desenvolvimento do universo sensoperceptivo é que as sensações sejam discriminadas, integradas, moduladas para posterior planejamento, por exemplo: planejamento motor no espaço, decorrente do processo maturacional neuro-bio-psíquico. Segundo Ayres (*apud* Lambertucci; Magalhães, 2005), "*Integração Sensorial é o processo neurológico que organiza as sensações do corpo e do ambiente de forma a ser possível o uso eficiente do corpo no ambiente*". E um grande e frequente prejuízo na dimensão sensoperceptiva das crianças e pessoas com AI/TEA decorre justamente dos graves distúrbios da integração (processamento) dos sistemas sensoriais – tátil, vestibular e proprioceptivo.

Havendo falhas de processamento sensorial em crianças, em sua quase totalidade da população AI/TEA com menos de cinco anos, e mesmo em adultos, eles não conseguem organizar e interpretar os estímulos adequadamente, assim apresentarão constantes comportamentos de desorganização, intolerância, irritabilidade e consequentemente menor poder evolutivo. A sensibilidade dos sistemas sensoriais pode estar aumentada ou diminuída de forma aleatória, de modo que, diante de uma hipersensibilidade a sons, a criança apresenta irritabilidade (tampa os ouvidos com as mãos, chora e demonstra que quer sair do ambiente) em locais com sons altos ou inesperados, como uma sala de aula de ensino infantil, quadra de recreio, festas, etc. Já colocar objetos na boca com muita frequência, diminuição da expressão da percepção de dor e temperatura, não perceber quando alguém o toca são comportamentos de hipossensibilidade.

Diante dessa anomalia essa população está continuamente propensa a reagir emocionalmente (déficit na modulação afetiva com crises de ansiedade) a situações de "excesso" sensorial de informações não comuns e em situações novas, como cores, formas, sons, falas, interação social, ambientes muito movimentados e sonoros, interagir com pessoas até então desconhecidas, etc. Não conseguem anular o *input* sensorial dos fatos irrelevantes tampouco acomodar (Piaget, 1987) o impacto dos estímulos sensoriais do fenômeno em curso, seja do mundo das coisas seja do mundo pessoal. É muito frequente que adultos com inteligência preservada ainda possuam tais prejuízos.

Uma peculiaridade, sem equivalente na Psicopatologia Fenomenológica clássica, nessa população é a percepção por partes antes do todo ou mesmo sem alcançar o todo – Teoria da Coerência Central, que é um estilo de processamento, global, em diversas funções psíquicas, e interfere muito no desempenho esperado, como citado por uma mãe cujo filho possui dez anos:

"– Mãe, tem uma mão andando na rua.

– Mão não anda, veja direito.

– É uma mão e uma cordinha.

– Cordinha também não anda sozinha, veja de novo.

– É uma mão, uma cordinha e um cachorro na ponta.

– Veja de novo meu filho porque está faltando algo nisso que você está vendo.

– Ah! É mesmo, é uma pessoa andando na rua com um cachorro na guia."

11. REPRESENTAÇÃO

A representação (Paim, 1989) é *a reprodução na consciência de percepções passadas, memorizadas, em que os caracteres da sensorialidade são diferentes dos da percepção originária (não correspondem fielmente ao objeto originário percebido, conservando apenas alguns aspectos figurativos): possuem caráter subjetivo; aparecem no espaço subjetivo interno; tem desenho indeterminado e incompleto; esvoaçam e devem ser recriadas; dependem da vontade, podendo ser modificadas, e são evocadas com sentimento de atividade.*

A representação é o mais primário estágio da abstração, que foi identificado e denominado por Spitz (1993) como "Angústia do Oitavo Mês", que é quando o bebê já tem a representação visual e *afetiva* da "figura materna ou do cuidador". É a internalização de objetos (*lato sensu*) que faz a transição de um bebê puramente sensório-motor para uma criança com linguagem individualizada (eu vocal), e é a habilidade do brincar que vai possibilitar a progressão da representação via o exercício ou treino do faz de conta. É nos primórdios dessa habilidade representativa abstrata que o exercício do faz de conta é defrontado, e processa, com a noção de "realidade interna" versus realidade do mundo das pessoas e coisas – para que isso aconteça, há necessidade de instalação, em algum nível, da consciência da existência do eu. A habilidade de identificar e separar a realidade da não realidade é também encontrada, quando a criança começa a "mentir", geralmente para conseguir o que deseja.

Então, a passagem do puro sensório-motor para o abstrato e simbólico depende da capacidade de representação, que será exercitada pelas atividades do olhar compartilhado e do faz de conta (brincar), que tem três pré-requisitos: a instalação da consciência da existência do eu, dos limites da consciência do eu e da capacidade de identificar realidade e não realidade. Sobre os quadros muito graves (não verbais ou com pouca qualidade na comunicação social - maior parte da população desse trabalho), Grandin (1995) reporta:

> People with more severe autism have difficulty stop endless associations. I am able to stop them and get my mind on track. When I find my mind wandering too far away from a design problem I am trying to solve I just tell myself to get back to the problem.

Ou seja, eles ainda não diferenciam realidade e não realidade, e vivenciam essa imaginação automática como a única realidade existente, o que por consequência pode-se supor que a consciência da existência do eu e a consciência dos limites do eu ou não exista, ou seja, talvez, um broto.

As crianças com AI/TEA com até cinco anos, em sua maioria, apresentam um prolongamento temporal da fase sensório-motora (além dos três anos de idade) por não desenvolverem uma boa qualidade na representação com prejuízo de toda cascata consequente. Assim sendo, elas preferem brincar com objetos que com brinquedos, já em idade superior a dois anos, demoram a utilizar os brinquedos em sua função, nem sempre desenvolvem o faz de conta ou sua execução é primária em relação à idade, preferem brincadeiras de ação ou motoras (correr, subir, descer, pular, etc.) às que utilizam brinquedos, as brincadeiras, então, são simplificadas e sem criatividade, ou copiadas, repetitivas e pouco diversificadas, preferem brincar sozinhas que com pares em que ela mesma define a regra, tem muito pouca iniciativa para "convidar" pares para brincar, tem dificuldade de entender as regras das brincadeiras coletivas (assim como a maioria das regras), etc.

Para a população verbal, esse item da Fenomenologia é importante no tema devido à alta frequência, peculiar, do tipo visual do pensar, algo como um "pensamento eidético", como refere Grandin (1995). Na prática, o pensamento e a linguagem podem ser considerados funções psíquicas "gêmeas" de tão interativas que são. No texto há temas dessa área que estarão citados em memória, pensamento e linguagem.

Considerando que o núcleo da dificuldade é vivenciar e entender a dimensão social e afetiva humana, tendem, portanto, a ser literais, tanto crianças quanto adultos, com inteligência preservada, possuem muita dificuldade de produzir uma representação abstrata de sentimentos e emoções próprias e de terceiros.

12. LINGUAGEM

A linguagem é outra função psíquica muito prejudicada na vivência psíquica da população das pessoas afetadas por AI/TEA, tanto pela alta prevalência de Retardo Mental como por outros fatores. Tais pessoas têm comprometidos tanto o meio verbal, quanto o vocal e o gestual. É importante diferenciar fala de linguagem. *A fala é um ato motor pelo qual podemos utilizar a linguagem ou não, por exemplo, cantar é uma forma de falar, unicamente mnêmica que se basta em si própria, o canto. A linguagem, por sua vez, exige a ação conjunta de várias funções psíquicas e tem uma intenção comunicativa* – linguagem social[12] (tema fundamental no AI/TEA).

Há dois fatores que se apresentam muito diferentes na aplicação da Psicopatologia Fenomenológica em adultos e nas crianças com AI/TEA. Nas últimas, o prejuízo maior está na compreensão de sua função e valor, na aquisição e na qualidade da produção (e não na perda e nas formas patológicas de sua expressão pós aquisição). Ajuriaguerra (1980, p. 325) atesta tal afirmação em sua descrição: "*a criança não se interessa nem pela linguagem nem pelas pessoas que a rodeiam. Só por volta dos 4 a 5 anos de idade, quando ela descobre as pessoas, pode começar a se interessar pela comunicação...*". O segundo fator é a pouca atenção dada à linguagem não

[12] Nota do autor: linguagem expressiva verbal ou não verbal utilizada na interação social.

verbal – utilização de gestos na atenção compartilhada ou não (protoimperativos e protodeclarativos), a mímica facial, a mímica corporal, a entonação das palavras durante a verbalização, etc., que são imprescindíveis no tema Autismo Infantil/TEA.

Entende-se por linguagem (Ajuriaguerra, 1980) *a capacidade inata que o ser humano possui para expressar suas ideias, sentimentos e emoções na modalidade verbal e na não verbal. A linguagem possui as seguintes finalidades: comunicação social, expressão de vivências internas (pensamentos, sentimentos), organização da experiência sensorial e dos processos mentais, tradução dos estímulos externos, indicação e descrição das coisas, transmissão de conhecimentos e regulação da conduta.*

A linguagem é constituída por quatro elementos primordiais: 1) o fonético (expressão correta dos sons), 2) a semântica (vocábulos referentes a cada idioma), 3) a sintaxe (estabelecimento de relações entre palavras e frases dentro das regras gramaticais), e 4) a pragmática (estruturação das frases, com começo, meio e fim, para que o conteúdo comunicativo seja compreendido), em que a prosódia (ritmo e entonação da fala) pode estar contida.

A linguagem não é de fato uma função psíquica e sim uma resultante da relação funcional de várias funções psíquicas, como a consciência do eu, o pensamento, a afetividade e humor, a inteligência, a consciência, da autocrítica, da vontade, etc. Talvez por isso seja um tema tão complexo. O mais nítido reflexo da linguagem é o pensamento.

A qualidade da linguagem social é proporcional à da consciência do eu, já que um "eu" comunica com outro "eu", e em consequência ocorre o fenômeno da interação social.

Para os familiares, na maioria das vezes, a certeza de que está ocorrendo algo diferente no processo evolutivo da criança é o atraso na fala, quando esta não surge ou não se desenvolve a partir dos dois anos de vida. É aí que os familiares partem para a busca de diagnóstico, mesmo na evidente presença de inúmeros outros sinais de prejuízo da comunicação.

A dimensão da linguagem receptiva, ou compreensão, parece ter sido esquecida pelos clássicos, mas é fundamental no assunto deste trabalho pelo prejuízo que acarreta no desenvolvimento da criança. A compreensão sempre apresenta um desempenho um pouco melhor que a expressão, só se diferenciando muito nos casos de apraxia verbal (Souza; Payão, 2008),[13] em que as crianças entendem comandos complexos, mas praticamente não falam nada.[14]

Em crianças até três anos, o padrão é não falarem, falarem sílabas ou palavras sem intenção de comunicar, utilizarem gritos e/ou choros para demonstrar seu desconforto ou intenção de obter algo, não direcionarem a sonorização e mesmo palavras para que os familiares os auxiliem a obter algo (por exemplo: os pais estão na sala e a criança está na cozinha e começa a gritar, simplesmente gritar, para conseguir pegar algo), puxar pela mão e os levar ao local onde querem algo – puxa pela mão, mas não olha nos olhos como pedindo "vem aqui" (usam as pessoas como uma extensão de seu corpo). Portanto, a comunicação se dá em forma muito rudimentar e sem produção verbal. No consultório, ou se apresentam completamente não verbais, ou sonorizam

[13] *A apraxia da fala é definida como um transtorno da articulação no qual há comprometimento da capacidade de programar voluntariamente a posição da musculatura dos órgãos fonoarticulatórios e a sequência dos movimentos musculares para a produção de fonemas e palavras. Essas dificuldades de programação de posição e sequência dos movimentos ocorrem, apesar de sistemas motores, sensoriais, das habilidades de compreensão, atenção e cooperação encontrarem-se preservados.*

[14] Nota do autor.

continuamente, sem intenção de comunicação. Nessa idade é *rar*íssimo o uso do pronome pessoal "eu".

Não é rara a presença de glossolalia ("linguagem própria"), como se a criança estivesse falando outra língua, produzindo sons ininteligíveis, podendo utilizar até uma prosódia adequada de interrogação, olhar para a outra pessoa como se estivesse esperando uma resposta e se irritar quando o entrevistador "responde" com sons que não constituam palavras da língua-mãe. Fica evidente nessa vivência que o referido não percebeu (autocrítica) que o que sonoriza não é português (língua-mãe) e os pais, questionados, referem perceber isso também.

Mesmo com graves prejuízos na linguagem verbal, a criança não busca "solução" compensatória através do uso de gestos ou mímica, como fazem os surdos. Ainda não apontam para pedir (comunicação protoimperativa, o que deveria surgir no segundo semestre de vida), não apontam para mostrar "coisas" que os interessou (comunicação protodeclarativa, o que deveria surgir próximo no início do terceiro semestre), a mímica facial muito pobre é constante, há poucas demonstrações de afetividade em relação aos presentes (demonstram necessidades, interesses e as emoções básicas – alegria e raiva, êxito ou frustração), e há prejuízo na modulação afetiva, de modo que as respostas emocionais às frustrações geralmente são desproporcionais às causas.

Do ponto de vista fenomenológico, é evidente, além da ausência ou grave prejuízo da linguagem, o comprometimento da consciência de existência do eu, da consciência dos limites do eu, da representação, do pensamento, da utilização da inteligência e da afetividade.

A dificuldade de compreensão nessa idade de até três anos é de entenderem comandos simples, como o "não", "desça daí", "feche a porta", "venha papá", e geralmente os pais apontam o objeto para facilitar o comando. A resposta ocorre mais facilmente quando os comandos são contextuais, como quando a criança está com fome e alguém fala "Vem papá". Como se pode ler, são ordens de duas palavras, além das pistas contextuais, como o prato na mesa, o horário do almoço na rotina do dia que facilitam a compreensão. Da mesma forma que eles têm dificuldade de expressão de linguagem expressiva não verbal, como mímica facial, sua compreensão também está prejudicada. É comum os familiares falarem "Ele (ou ela) entende tudo", mas, quando testamos, certificamo-nos de que não, pois há envolvimento afetivo deles e o ambiente do consultório é muito diferente do caseiro e o comando dado pelo profissional pode ser muito diferente do habitual dado pelos familiares (num evento em que pedi à criança para levantar o braço, o pai exclamou "Mas nunca falamos isso com ele!", mas seria factível o entendimento de tal pedido por uma criança com desenvolvimento típico/"normal" na mesma idade). Pode-se, então, concluir que a enorme maioria dessa população nessa idade ainda está quase que completamente imersa na fase sensório-motora (Piaget, 1987).

O processo de "passagem" da fala para a linguagem, compreensiva e expressiva, percorre inúmeras etapas (Camargos Jr., 2013), e as denominadas funcionais são: instrumental (solicitação de objetos), protesto, interativa, nomeação, informativa, heurística (solicitação de informação ou de permissão) e narrativa, quando já ocorrem turnos narrativos.

Em crianças maiores (até 12 anos) em processo de aquisição da linguagem expressiva, o mais comum é a ecolalia, imediata ou tardia. Na forma imediata, a criança repete a última ou as últimas palavras faladas por alguém, dirigidas ou não ao paciente. Na forma tardia, a criança repete as palavras e/ou frases que ouviu há algum tempo, podendo ser classificada como uma ecolalia sem função (por si só) ou com intenção comunicativa, como para obter algo que quer. Por exemplo: quer sair e repete frases do vídeo, como "Pocoyô quer sair", ou repete a frase como ouve de terceiros "Walter quer sair" ou "Walter quer sair?", sem fazer a internalização do sujeito da ação – "eu quero sair", pois aprendeu intelectiva e mnemonicamente que com, aquele grupo de sons (a frase), ele (o paciente) consegue o que quer – sair. Ou seja, há nessa vivência um evidente prejuízo primário da consciência da existência do eu refletido na construção da linguagem e, enquanto existir, não haverá uso do pronome "eu" de forma construída, que pode ser apressado pela forma aprendida. A produção de comentários (por iniciativa própria) é tardia, de modo que a dos fatos ocorridos no passado vem após a dos que estão ocorrendo no presente, devido à dificuldade de simbolizar.

Estereotipias verbais, neologismos e a linguagem idiossincrática são encontrados em quadros mais graves (com Retardo Mental). Estereotipia verbal (verbigeração) é o uso, automático, de palavras e jargões sem adequação no contexto ou na sintaxe e sem sentido aparente. Pode ser oriunda de uma perseveração ou automatismo mental. Os neologismos são palavras criadas pelos pacientes, ou palavras já existentes às quais é atribuído um novo significado, usualmente aplicado a substantivos, na população com AI/TEA. Linguagem idiossincrática é o uso de frases cuja intenção comunicativa é diferente do significado semântico, por exemplo: uma criança estava jogando um gato pela janela quando ouviu sua mãe dizer "não jogue o gato pela janela", e então generalizou que o que não podia ser jogado pela janela era possível ser expresso com a frase "não jogue o gato pela janela".

Apraxia verbal tem sido cada vez mais identificada naqueles em que a capacidade compreensiva (de entender ordens complexas, ordens de três ou quatro etapas, e possuir uma representação mental de objetos diversos – internalização de objetos – Piaget, 1987; Spitz, 1993), é muitas vezes melhor que a capacidade expressiva, ou seja, há linguagem, mas a expressão é muito prejudicada. Outra característica é que as palavras verbalizadas podem conter basicamente vogais, por exemplo: "banana" é falada como "a...ã...a", o que depende da articulação de menos grupos motores fonéticos. Ou ainda podem apresentar dificuldade na produção ou na precisão articulatória de alguma vogal específica, além de observar-se mais facilidade em palavras com menos sílabas.

Neste subgrupo entre 3 e 12 anos sem apraxia verbal e com provável comorbidade com algum grau de Retardo Mental, que ainda está em processo de aquisição da linguagem, a compreensão é maior, com entendimento de comandos e frases mais longas, mas ainda só as que remetem a ações concretas e basicamente motoras, quando ainda não desenvolveram a capacidade de representação mental suficiente para questões abstratas. A compreensão segue o padrão de desempenho da expressão – dimensão concreta.

O processo de aquisição da linguagem, *lato sensu*, assim como o da compreensão, conforme já foi mencionado, depende da capacidade de representação mental da pessoa ou criança. Partindo do pressuposto de que, no início de aquisição do processo de representação, a criança ainda é dominada pelo sensório-motor e nada acontece por "saltos", o esperado é que, nesse período do desenvolvimento, sejam realizadas e compreendidas referências feitas a objetos concretos e presentes. O mecanismo da evolução normal é a aderência natural do som da palavra com o resgate da imagem do objeto (representação mental), que não ocorre de forma natural nessa população com AI/TEA, já que eles ainda dependem do sensorial, da visão do objeto concreto para associar o som da palavra à representação visual ou não do objeto, *vide* a dificuldade de reconhecerem e responderem ao seu próprio nome, que não é objeto concreto. Lembrando que a capacidade de representação mental depende diretamente do nível cognitivo.

Nesse estágio evolutivo, deve-se pesquisar se já há internalização de objeto, lembrando que nessa etapa a comunicação é feita basicamente através de comandos, que são realizados na forma verbal e complementados pela gestual – o apontar. Se a criança ainda não possui representação de objetos, ela só atende aos comandos do que está presente no mundo sensorial dela, e o inverso é verdadeiro, o que se pesquisa por meio do questionamento para os pais: "Ela já consegue entender ordens para fazer em ambientes fora do contexto sensorial (que ela não esteja vendo, escutando ou cheirando)?". Quando o comando é dado para a criança realizar algo fora desse contexto com um objeto concreto presente é mais fácil (por exemplo: "ponha esse papel no lixo, leve o sapato para o quarto"). Também quando o comando é contextualizado (por exemplo: está na hora de almoçar e ela é chamada para tal) e a criança deseja, a execução é mais fácil.

Em pacientes que já adquiriram uma linguagem e sem Retardo Mental, o solilóquio, para-respostas, respostas aproximadas, a pedolalia, a latência às respostas e a desagregação do pensamento (déficit na pragmática da fala) são frequentes apresentações fenomenológicas encontradas, além do déficit da prosódia e da literalidade.

Nessa faixa etária, observa-se no diálogo o predomínio da função comunicativa informativa, ou seja, a conversa geralmente se restringe a dar informações respondendo ao que lhe é questionado. Tal predomínio no desenvolvimento típico ocorre entre 3 e 4 anos de idade. Além disso, as crianças têm a tendência de "só" falar sobre assuntos de seu interesse.

O solilóquio, ou o falar sozinho, é outro fenômeno frequente, e quando se questiona, a criança responde que está conversando com seus pensamentos – consigo mesma. Também ocorrem para-respostas (respostas desconectadas das perguntas), por exemplo: "Qual é o nome de sua mãe? Hoje ela está trabalhando". Respostas aproximadas ocorrem quando a criança parece ter compreendido a pergunta e responde de forma aproximada, por exemplo: "Qual é o nome de sua mãe? É uma flor (Rosa)". Na pedolalia, o paciente fala com uma voz infantilizada. Há também, com certa frequência, a presença de um tempo de latência aumentado para respostas.

No universo escolar, os prejuízos da compreensão da linguagem humana nessa faixa etária interferem na interpretação de textos pela literalidade, que lhes é comum, e na ingenuidade nas relações pelo déficit na capacidade de metarrepresentação – Teoria da Mente. A primeira situação é identificada em quatro possibilidades: 1) durante a consulta, perguntando ao paciente sobre essa habilidade específica, se ele entende piadas, se ele entende ironia e o motivo de os colegas fazerem chacotas com ele e com outros, avaliando sua capacidade de autocrítica, 2) através dos cadernos, 3) através da informação dos familiares, 4) avaliação pedagógica. Para avaliar a capacidade de Teoria da Mente,[15] há três caminhos: 1) questionar durante a consulta se o paciente percebe que as pessoas mentem e assim sendo o porquê mentem, se percebe quando as pessoas estão mentindo para ele, se ele entende o motivo de os colegas fazerem chacotas com ele e com outros,

[15] Nota do Autor: a definição clássica da Teoria da Mente é a capacidade de acesso e compreensão do indivíduo dos aspectos mentais cognitivos (pensamentos, crenças e vontades), desejos e emoções de si próprio e dos outros – metarrepresentação.

avaliando sua capacidade de autocrítica, 2) através da informação dos familiares sobre essas questões, se ele é ingênuo para a idade (a maior parte dos familiares, conhecidos e profissionais utilizam o termo imaturo, em vez de ingênuo) comparando com a idade cronológica de seus pares, 3) testes de falsas crenças de complexidades crescentes.

Outra característica da faixa etária anterior à adolescência é a utilização mais frequente no discurso diário de verbos fativos (Arcoverde; Roazzi, 1996), que expressam certeza, como ver, querer, saber, lembrar, descobrir, e menos de verbos não fativos, que são aqueles cuja expressão é de dúvida, como: pode ser, posso fazer, talvez eu não lembre. Porém os raramente utilizados são os contrafativos, que referem a condições não concretas/reais e que possuem a finalidade de coordenar a perspectiva do sujeito com a de outros, deixando implícito que o mundo mental é uma *representação* do mundo real (Astington; Jenkins, 1999), por exemplo: simular, mentir, fingir, inventar, entre outros.

De forma proporcional à expressão, a compreensão é mais limitada ao mundo concreto, do presente, das coisas, com menor acesso à subjetividade típica da linguagem humana.

Na adolescência e na fase adulta das pessoas que apresentam limitação da inteligência, pode-se encontrar tudo o que já foi descrito. Para o outro grupo (nível cognitivo médio ou superior), o que frequentemente se mantém é o responder em tom interrogativo, a desagregação do pensamento, o déficit da prosódia com o frequente nomear palavras, em vez de produzir a intenção de comunicação, a emoção pela inflexão da voz – prosódia (por exemplo: o menino estava triste, estava muito triste, em breve ele vai chorar), a maior latência temporal para respostas, mímica facial mais pobre, menor utilização de gestos complementares ao conteúdo expresso verbalmente, solilóquio e pedolalia. Outro fenômeno bem comum é o fato de que, diante de uma pergunta, respondem com outro assunto. Como praticamente só conversam assuntos de seu interesse ou necessidade e são muito pragmáticos, não existe o "prosear", "jogar conversa fora", "conversar para passar o tempo", o conversar de emoções, sentimentos, ou seja, dialogam pouco e as informações durante as consultas são obtidas quase a "saca-rolhas".

A desagregação do pensamento - *mudanças súbitas do curso da conversa*, as quais os pais tanto relatam quanto confirmam, são muito frequentes e prejudicam muito o desempenho global da linguagem expressiva/compreensiva, da atenção, do processo pedagógico, do relacionamento social, etc. Falar enquanto pensam em vez de pensar, analisar, criticar e falar é uma atitude comum, como em crianças pequenas. Ocorre também uma aderência, patológica, a assuntos de interesse próprio sem reciprocidade na conversa, mesmo quando o entrevistador muda o conteúdo da conversa - a pessoa pode até ter conhecimento sobre o assunto, mas não tem interesse em conversar sobre o mesmo.

A literalidade é outra constante, mesmo em pessoas que tem inteligência em bom nível; é evidenciada quando se usa palavras com mais de um significado, usualmente os sociais, por exemplo: criança de sete anos, ao ouvir a mãe dizer "ele vive comendo mosca", fez gesto com a mão de limpar a boca enquanto retrucava: "não é verdade, eu não como mosca, eu nem gosto de mosca". Daí não entenderem ironias, piadas, terem baixo desempenho em interpretação de textos e serem ingênuos.

A sintaxe com frequência apresenta algum grau de comprometimento, mesmo que sutil, como uso errado da conjugação de verbos (por exemplo: "A nenê fica fraco de mamar", "Você passou de ano? Passou"), verbalização das palavras em posição diferente na frase como: "meus colegas bem jogam o bola". A fase dos porquês surge mais tarde, por volta dos sete anos em vez dos quatro a cinco anos, como é o natural.

O maneirismo verbal é a fala repleta de palavras eruditas e não usuais para a idade, geralmente acompanhadas de um formalismo exagerado e com uma prosódia inadequada (déficit na inflexão verbal), por exemplo: criança de 8 anos, ao entrar em meu consultório e ao ver a vista da janela, fez o seguinte comentário: "Como é deslumbrante a paisagem vista desta janela, Doutor!" – nem deslumbrante nem paisagem são termos verbais corriqueiros desta idade. Comumente o emprego das palavras eruditas, mesmo quando sua aplicação é utilizada corretamente na frase, não é acompanhada da aquisição de seu conceito, quando subjetivo, o que significa que o uso é basicamente mnêmico.

13. INTELIGÊNCIA

A inteligência (Cheniaux, 2015) *está relacionada* à *capacidade de resolver problemas (compreender a situação, fazer associações e correlações, produzir ideias novas (construção de hipóteses), criticar ou testar as hipóteses e, finalmente, adaptar-se,* é a capacidade *de síntese e análise, de abstração e generalização, de distinção entre o essencial e o acessório, de lidar com conceitos, julgar e raciocinar e de utilizar o pensamento de forma eficiente e produtiva. Pelo dicionário o conceito* é: *1) faculdade de entender, pensar, raciocinar e interpretar; entendimento, intelecto; 2) compreensão, conhecimento; 3) capacidade de resolver situações novas com rapidez* e êxito. *Isso só* é *possível se a pessoa atinge a capacidade de abstração e simbolização (representação mental) e independe só do volume de informações que consegue armazenar e resgatar (memória) na forma de uma mera aprendizagem literária, mecânica.*

"A escassez de conhecimentos é, *em geral, sinal de debilidade mental, mas a abundância deles não constitui, necessariamente, sinal de inteligência"* (Jaspers *apud* Nogueira *et al.*, 2017). *Ou seja, a qualidade da inteligência não depende unicamente da posse de informações, mas do resultado de sua utilização.*

Há condições instrumentais, como a atividade sensorial, memória, habilidade motora, habilidade verbal e resistência à *fadiga, e as condições promotoras da inteligência: atenção, vivacidade dos processos instintivos e afetivos, e unificação da vontade.*

A alteração quantitativa da inteligência que está presente no AI/TEA é seu rebaixamento, também denominado Retardo Mental (utilizado pela CID) e Deficiência Mental (DSM-5).

Segundo o DSM5 (American Psychiatric Association, 2014), *deficiência intelectual* é *um transtorno com início no período do desenvolvimento que inclui déficits funcionais, tanto intelectuais quanto adaptativos, nos domínios conceitual, social e prático. Os três critérios a seguir devem ser preenchidos:*

A. *Déficits em funções intelectuais como raciocínio, solução de problemas, planejamento, pensamento abstrato, juízo, aprendizagem acadêmica e aprendizagem pela experiência, confirmados tanto pela avaliação clínica quanto por testes de inteligência padronizados e individualizados.*
B. *Déficits em funções adaptativas que resultam em fracasso para atingir padrões de desenvolvimento e socioculturais em relação à independência pessoal e responsabilidade social. Sem apoio continuado, os déficits de adaptação limitam o funcionamento em uma ou mais atividades diárias, como comunicação, participação social e vida independente, e em múltiplos ambientes, como em casa, na escola, no local de trabalho e na comunidade.*
C. *Início dos déficits intelectuais e adaptativos durante o período do desenvolvimento.*

De uma forma bem reduzida podemos relacionar níveis de gravidade do Retardo Mental com as idades de desenvolvimento: 1) o nível profundo, em que o QI está abaixo de 20 pontos e é compatível com desenvolvimento de crianças com até três anos; 2) o grave (QI entre 20 a 34) com desenvolvimento entre três a seis anos; 3) o moderado, característicos da maioria dos afetados pela Síndrome de Down (QI entre 35 a 55) entre seis e nove anos; 4) e leve (QI 56 a 70) de nove a doze anos. Então, o diagnóstico de Retardo Mental pode ser, clinicamente, quase preciso, se o examinador conhecer bem os marcos do desenvolvimento humano.

A, fantástica, obra de Piaget foi sobre a trajetória evolutiva da inteligência na criança, baseada em seus atos e formas de pensar. Wallon foi outro psicólogo que produziu vasta publicação sobre as características do pensamento das crianças. A inteligência é processada pelo pensamento e expressa pelos atos, falas e linguagem, por onde a examinaremos.

Na clínica, encontramos, nas crianças com déficit de inteligência, estruturas de pensamento, e consequentemente de raciocínio, defasadas em relação à idade cronológica, por exemplo: crianças de oito anos com conceitos, juízos e raciocínio de quatro. O aprendizado será lentificado e basicamente mnêmico, como uma superposição de informações, sem alcançar os conceitos íntimos e, a partir daí, desenvolver uma autonomia do raciocínio. Em idades próximas aos dez anos, o encontrado é o pensamento concreto – discurso pobre em conceitos abstratos, metáforas e analogias, e rico em jargões e palavras cujo significado não sabe, associado à adesão ao nível sensorial e imediato da experiência.

Uma parte disso está presente nos afetados por AI/TEA, como a literalidade e a adesão sensorial (pensamento do tipo visual). Como diferenciamos? Nos casos de AI/TEA, a literalidade ocorre basicamente em conceitos sociais, enquanto em outros temas as pessoas conseguem fazer analogias, demonstrarem raciocínio e alcançam conclusões "novas".

Buxbaum e Hof (2013) reportam que, nas pessoas com quadro de autismo infantil, nos 24 estudos em que os valores do QI foram mencionados, a média de Retardo Mental foi de aproximadamente 70%, ou seja, é uma função muito prejudicada.

14. PENSAMENTO

O pensamento é estruturado por conceitos (essência das coisas), por juízos (relação entre os conceitos) e pelo raciocínio (relação dos juízos). O conceito é o elemento estrutural em que se realizam dois fatos essenciais: a superação da necessidade da sensorialidade (imagens) e a generalização. *Burton* (*apud* Paim, 1989) *refere que: 1)* é *a soma de ideias que uma pessoa tem a respeito de qualquer coisa, pessoa ou processo; 2)* é *uma construção lógica capaz de uso interpessoal; 3)* é *uma palavra ou outro símbolo que exprime a propriedade comum de objetos ou situações.*

Os juízos estabelecem uma relação entre dois ou mais conceitos, e possuem sujeito, verbo de ligação e predicado, por exemplo: "O céu é *azul", cuja peculiaridade* é *ser enunciativo.*

O raciocínio é *a operação mental que nos permite combinar os conhecimentos adquiridos e associá*-los *para alcançar uma forma superior de conhecimento. O raciocínio humano* é *uma cadeia infinita de representações, conceitos e juízos.*

O processo do pensar é *apresentado pela Psicopatologia Fenomenológica em três dimensões: curso (velocidade), forma (relativo* à *maturação da ideação) e conteúdo, cujo nome já revela seu caráter.*

Porém, em Psiquiatria Infantil, especificamente no tema presente, AI/TEA, deve ser acrescido ao processo do pensar uma quarta dimensão, que é a do tipo visual, tanto por sua *altíssima* frequência, quanto pelas diversas repercussões na vivência psíquica do indivíduo. Contrapõe-se ao tipo visual o tipo verbal, que é o padrão, em que o pensamento é vivido sonoramente, por exemplo: a pessoa pensa que vai a tal lugar, conversar com tal pessoa sobre tal assunto, etc., sem o necessário acompanhamento da sequência das imagens do lugar, da pessoa, do tema, etc., e as qualidades sensíveis da imagem podem adquirir acentuado grau de precisão.

Peillaube (*apud* Paim, 1989) encontrou em pesquisa com trezentas pessoas "*... que as imagens visuais e os conceitos abstratos se comportam de maneira antagônica... o tipo concreto caracterizado pela predominância de imaginação visual, e um tipo abstrato em que as imagens não têm valor de signo*". Spinoza (*apud* Paim, 1989): "*nossas idéias racionais são como nossas representações, redutoras de imagens*".

Temple Grandim, afetada pelo Autismo Infantil e célebre escritora sobre o tema, escreveu um livro (*Thinking in pictures* – Grandin, 1995) baseado quase que somente em suas vivências, em que a produção de conceitos é aderida à sensorialidade (imagens), mas pode haver generalização. *O meu pensamento é visual. Quando eu era pequena, eu precisava visualizar a oração do "Pai Nosso" para compreendê-la. O "poder e a glória", eu via como torres elétricas de alta tensão e um imenso arco-íris brilhante formando um sol. A palavra "transgressão" era visualizada como um sinal de "proibido traspassar" preso na* árvore *do meu vizinho. Algumas partes da oração eram simplesmente incompreensíveis para mim. Quase todas as minhas memórias estão relacionadas a imagens visuais de eventos específicos. Se alguém diz a palavra "gato", a imagem que me vem* à *mente* é *de gatos que vi ou li a respeito. Eu não consigo pensar em gatos sem usar sua imagem.*

O tipo visual de pensar interfere na apreensão da informação não visual, como os simbolismos mais elaborados, mais subjetivos, notadamente os sentimentos íntimos que decorrem das relações interpessoais, seja em si próprio, seja na outra pessoa. Não há esse problema quando o tema é concreto, como sistemas mecânicos, planta arquitetônica, trajeto, etc. Na prática clínica, identificamos o tipo visual, perguntando diretamente a eles (a tia de um paciente em atendimento, surpresa com a pergunta e dizendo que também possuía tal tipo de pensar, me respondeu: "Eu penso que nem um PowerPoint em que se encontram as tarefas que eu tenho que fazer, o que eu tenho que falar, a imagem da pessoa com quem vou conversar ou aonde eu vou"), ou observando pacientes que, enquanto falam, movimentam as mãos como se estivessem reproduzindo o conteúdo materialmente (um paciente de 11 anos, diante do questionamento sobre onde estava o sol à noite, respondeu verbal e concomitantemente fazendo o movimento com as mãos da terra em relação ao sol – translação), quando, não raramente, até fecham os olhos durante o processo. Outra possibilidade encontra-se nas respostas em que é citado algum objeto concreto como referência, por exemplo:

– Onde você mora?

– Naquela rua que tem uma porção de árvores.

– Mas onde?

– Você chega à praça e desce na rua da padaria de muro amarelo.

– Estou perguntando qual rua.

– Ah!

Encontram-se presentes diversas alterações do curso do pensamento como bradipsiquismo, desagregação, prolixidade, minuciosidade e perseveração.

Uma situação, mais comum na adolescência (Khandaker *et al.*, 2014), é a vivência psicótica que tem apresentação clássica, com a presença de delírios. Segundo Jaspers (*apud* Paim, 1989), o delírio é comunicado por meio dos juízos e somente onde se pensa e se julga pode nascer o delírio, por isso são "juízos patologicamente falsos" e apresentam as seguintes características: 1) convicção extraordinária; 2) não influenciável; 3) impossibilidade do conteúdo. Por exemplo: criança de oito anos que dizia que ia se transformar num personagem e que ia morrer e depois viver:

– Como você vai virar o personagem?

– Entrando na televisão, é lá que ele fica.

– Como você vai entrar?

– Pelo fio.

– E você vai morrer e depois viver de novo?

– Sim, ele faz isso.

– Então você vai virar ele?

– Sim.

– Para sempre?

– Não.

– E pode?

– Pode.

– Mas o que passa na televisão não é verdade, é só vídeo.

– É... Mas eu vou morrer e depois viver.

– Quem morre não vive mais. Eu nunca vi, e olha que eu sou velhinho!

– É, papai já disse isso, mas... Eu vou morrer e depois viver.

15. AFETIVIDADE

Essa é outra função psíquica muito afetada na população com AI e, como tem função nuclear na atividade psíquica (catatimia – Bleuler), interfere significativamente no adequado desempenho humano em todas as esferas funcionais, inclusive na dimensão social.

Chama-se afetividade a capacidade de experimentar, e reverberar, sentimentos e emoções, e compreende:

- *o humor: é a tonalidade afetiva que acompanha as vivências em determinado momento e de acordo com as circunstâncias, sendo vivido corporalmente;*
- *as emoções: estado afetivo intenso, de curta duração e reativo a vivências de origens diversas. Segundo Mira y Lopez* (*apud* Dalgarrono, 2008) é *uma tempestade anímica que desconcerta, comove e perturba o equilíbrio existencial;*
- *os sentimentos: Kurt Schneider* (*apud* Paim, 1989) *considera os sentimentos como "estados do eu" que não podem ser controlados pela vontade e que são reativos* às *nossas representações, aos estímulos do mundo externo e interno;*
- *as paixões: estado extremamente intenso, que domina toda a atividade psíquica captando e dirigindo a atenção e o interesse do indivíduo numa só direção, impedindo, assim, o exercício de uma lógica imparcial – Pieron* (*apud* Dalgarrono, 2008).

Alterações da afetividade (Cheniaux, 2015):

1. Quantitativas

1.1. Exaltação afetiva: aumento da expressão da alegria, da irritabilidade e da tristeza.

1.2. Embotamento afetivo: significa diminuição da intensidade e da excitabilidade dos afetos, positivos ou negativos, onde o doente torna-se indiferente ao meio, às *outras pessoas e, algumas vezes, a si próprio, sendo a expressão emocional bastante restrita.*

2. Qualitativas

2.1. Modulação

2.1.1. Labilidade afetiva ou instabilidade afetiva: caracteriza-se por mudanças do humor frequentes e bruscas, que são imotivadas ou inesperadas, de modo que os afetos atingem grande intensidade (exaltação afetiva), e são de curta duração. O estado afetivo está continuamente oscilando e dá verdadeiros saltos entre os diversos polos afetivos, passando direto da alegria para a tristeza, logo após retorna para a alegria e, a seguir, passa para a irritabilidade.

2.1.2. Incontinência afetiva: há uma perda completa da capacidade de controle da expressão afetiva (falha de mecanismos de autocontrole e inibitórios, adquiridos na educação e no convívio social). As reações afetivas são produzidas com grande facilidade, são exageradas, desproporcionais ao estímulo e prolongam-se em demasia.

2.1.3. Rigidez afetiva: a expressão afetiva varia muito pouco, menos do que o normal, no decorrer do tempo, de modo que, independentemente dos acontecimentos externos, o estado de humor do paciente será mais ou menos o mesmo.

2.1.4. Conteúdo: Paratimia, Ambiotimia e Neotimia.

Em crianças por volta dos três anos de idade é fácil, pela maior frequência, identificar um paradoxo: de um lado a rigidez afetiva, se considerarmos exclusivamente a constante indiferença na relação interpessoal e social (afeição/apego), e de outro a incontinência afetiva relativa ao mundo de seus desejos, necessidades, "coisas". Como suas vivências emocionais são frequentes, superficiais, passageiras, intensas e desproporcionais aos estímulos (frustrações de origem externa ou interna), o desempenho e equilíbrio de toda atividade psíquica estará prejudicado, denunciando uma significativa defasagem entre a idade cronológica e a maturacional/desempenho. Importante aqui abrirmos um parênteses no tema Fenomenologia para frisar que o AI/TEA é classificável nos transtornos do desenvolvimento, o que significa dizer que essa diferença está *sempre* presente, mesmo que em poucas facetas. Uma consequência da instabilidade da atividade psíquica da criança é o prejuízo da vida afetiva, como um todo, dos pais, gerando um sentimento de insuficiência da capacidade parental, que, associado a todas opiniões de terceiros e "da Internet", fragiliza-os psiquicamente.

No histórico familiar não é rara a presença de pouca demonstração de medo diante de injeções, assim como o não chorar para mamar, ou para ter sua fralda trocada, ou outro desconforto físico (emoções básicas de autopreservação), além de grande seriedade na relação interpessoal, mesmo a lúdica, precisando serem muito estimulados para darem uma resposta afetiva. Não é raro, também, episódios de ambivalência afetiva.

Em crianças até 12 anos, os danos afetivos agravam devido ao prejuízo da capacidade de autocontrole, e há uma restrição e pobreza na variação emocional, pois as vivências são compostas basicamente de emoções primárias (alegria, tristeza, raiva, medo e afeição). As incontinências afetivas e as explosões de agressividade se mantêm intermitentemente.

O processo evolutivo pode ser resumido numa equação somatória em que o egocentrismo de seus desejos próprios eclipsa a identificação e a valorização dos sentimentos e desejos de terceiros. Tal egocentrismo, associado à indiferença afetiva (rigidez que pode chegar às raias do embotamento) nas relações humanas (afeição/apego), à dificuldade de identificar e nomear suas próprias emoções e sentimentos, à presença de emoções intensas e instabilizantes, à hipobulia nas obrigações e deveres, às compulsões pelas atividades prazerosas, ao déficit de autocrítica global, ao déficit de iniciativa na resolução de problemas no tempo próximo ou futuro, além de associado a outras disfunções da vida psíquica, dá como resultado a clareza de quão grave é o AI/TEA. É bom lembrar que nesse contexto há ainda as limitações familiares, financeiras, a escassez de profissionais competentes, o despreparo das escolas, as falsas crenças em relação aos poucos tratamentos em que há alguma evidência científica (incluso medicamentos) e a filia por soluções mágicas (sem evidências científicas).

Em adultos com bom nível cognitivo, nos quais a verbalização é mais elaborada, o padrão encontrado é que a expressão do afeto seja mais prejudicada que sua vivência.

Nessa faixa etária encontramos enorme variedade sintomática, desde prejuízos mais graves que os descritos (mais frequentes naqueles que apresentam Retardo Mental, como comorbidade), similares ou mais leves, por exemplo: uma mulher de 47 anos, separada e com dois filhos, relata: *"aniversário, enterro, almoço é a mesma coisa: corta o bolo, come e vai embora, não há presentes, nem cara feliz"*.

Nesses indivíduos com apragmatismo voltado à automanutenção financeira, e nos que possuem boa capacidade cognitiva, a presença de embotamento afetivo, referente às consequências, é comum.

Os transtornos de ansiedade constam como a terceira mais prevalente comorbidade do AI/TEA, depois do

Retardo Mental e do Transtorno de Déficit de Atenção e da hiperatividade (Goldstein; Schwebach, 2004). Enquanto a prevalência de Transtornos de Ansiedade em crianças não AI/TEA pode atingir 27% (Costello; Egger; Angold, 2005), uma meta-análise (Van Steensel; Bogels; Perrin, 2011) reporta, nos examinados com TEA (essa população é mais ampla que a objeto deste trabalho), índices de 39,9% para a presença de, ao menos, um transtorno de ansiedade, 29,8% com algum tipo de fobia, 17,4% com transtorno obsessivo-compulsivo, e 16,6% com transtorno de ansiedade social. Adultos, em geral, com AI chegam a ter três vezes mais chances de ter ansiedade.

Considerando que a presença de ansiedade, *lato sensu*, prediz transtornos depressivos (Bittner *et al.*, 2004; WITTCHEN *et al.*, 2003; Hofmeijer-Sevink *et al.*, 2018), além do fato de partilharem genes comuns (Sullivan *et al.*, 2012; Khandza; Butler; Manzardo, 2017) é alta a prevalência de Transtornos de Humor, detectada mais facilmente nos casos mais leves (Canitano, 2015; Siegel *et al.*, 2014).

16. CONSCIÊNCIA DO EU

> *... Podemos oponer una conciencia del objeto a una conciencia del yo... Esta primera separación permite describir por sí las objetividades anormales y luego interrogar los modos de la conciencia alterada del yo...* (Jaspers, 1975)

Um bom desempenho da consciência do eu, que na criança com desenvolvimento normal tem função estruturante da atividade psíquica e, consequentemente, de todo seu desempenho futuro, e seus prejuízos afetam nuclearmente todo o porvir da qualidade das vivências. Como será visto ao longo deste item, a população afetada pelo AI/TEA tem graves prejuízos dessa função psíquica, o que nos ajudam a entender parte do comportamento que apresenta e a tratá-la.

Segundo Jaspers, a consciência do eu representa a propriedade psíquica através da qual "o eu se faz consciente de si mesmo". Contrapõe-se à consciência dos objetos. Abrange tanto um eu psíquico como um eu corporal, que se integram num único *e autêntico eu. Ele descreveu quatro características da consciência do eu, abaixo descritas, e K. Schneider (apud* Cheniaux, 2015) *acrescentou a consciência da existência do eu.*

1. *A consciência da atividade do eu é a consciência de que todas as nossas vivências (pensamentos, sentimentos, ações, juízos, percepções, recordações etc.) pertencem a nós, emanam de nós e são realizadas*

por nós mesmos. É a consciência de ser o sujeito das próprias vivências.

2. *A consciência da unidade do eu é a consciência de que, em determinado momento, o eu é* único, *inteiro e indivisível.*
3. *A consciência da identidade do eu é a consciência de ser o mesmo na sucessão do tempo. É o sentimento de, durante toda a vida e nas mais diversas situações, ter sido sempre idêntico a si próprio, apesar das incessantes (e naturais) mudanças de muitos aspectos da personalidade.*
4. *A consciência dos limites do eu é a consciência da distinção entre o eu e o não eu, da separação entre o eu e o ambiente. Consiste em estabelecer uma clara demarcação entre o nosso corpo e os objetos do mundo externo, e entre as nossas vivências e as vivências das outras pessoas.*
5. *A consciência da existência do eu é a consciência de estar vivo, de existir plenamente, de estar fisicamente presente. Ou seja, entender-se e reconhecer como um sujeito específico no mundo afetivo e social.*

A mais frequente e longevamente afetada é a consciência da existência do eu, e seu prejuízo propaga-se como uma onda na consciência da unidade e dos limites do eu, prejudicando, assim, diversas outras funções psíquicas.

Como se pode dizer que o AI/TEA é uma síndrome que evolui com atrasos no desenvolvimento, o esperado, e o que ocorre, é um grave prejuízo na consciência da existência do eu, seja na demora de seu início/instalação, seja na qualidade de sua estruturação futura. Como se evidencia esse fenômeno? Pelo reconhecimento do nome, e, consequentemente, a resposta ao chamado dele, seja pelo uso do primeiro pronome pessoal "Eu" e pela vivência íntima e pessoal do desenvolvimento da identidade e da unidade do eu. Mesmo a etapa prévia ou inicial, que é o olhar para o outro (os olhos) para reconhecer a imagem e existência do outro, e assim promover o desenvolvimento do germe da consciência da existência do eu, está comprometida na frequência e duração esperada, e provavelmente na qualidade.

Continuando sobre o desenvolvimento da consciência da existência do eu, o esperado em crianças com desenvolvimento normal é que, por volta dos seis meses de idade (Ferreira *et al.*, 2016), a criança começa a reconhecer o seu nome e responder ao chamado desse som (seu nome), virando o rosto para a direção de onde vem. Nessa idade já é esperado que as crianças reconheçam as pessoas com quem convive, olhando para os olhos delas nos momentos de interação, e alguns meses depois reconheçam sua imagem no espelho, em fotos e em vídeos. É também sabido que essas crianças começam a se referenciar utilizando o pronome pessoal "Eu" logo após o início da fala de frases curtas, que é por volta dos dois anos. Como se sabe, na população afetada pelo AI/TEA, tudo isso está atrasado na idade de aquisição e na consolidação, desde o olhar, de modo que as crianças necessitam dos tratamentos para aprender ao longo do tempo, geralmente só de forma cognitiva, sem a vivência pessoal, íntima, afetiva, como é o normal.

No banco de dados (Camargos Jr.; Noce, 2014) atualizado do autor, de 526 crianças com quadro clínico de AI/TEA em que foi aplicado o M-CHAT (Losapio; Ponde, 2008) com ou sem as escalas diagnósticas do DSM4 (American Psychiatric Association, 1994) e o CARS (Pereira; Riesgo; Wagner, 2008), cujo item quatorze (um dos seis mais relevantes) questiona se a criança responde ao nome, 459 (87,3%) não o faziam (média de idade: 35 meses) de forma constante nem na frequência esperada para a idade, no estado de desenvolvimento normal. Essas crianças respondem a sons na frequência esperada, identificam músicas e as buscam mesmo em tons baixos, mas não reconhecem o som do de seu nome como referencial à identidade delas próprias, a ser construída.

Assim sendo, o uso do pronome "Eu" é atrasado no tempo de aquisição, iniciando por aprendizagem e evoluindo por integração à consciência, geralmente na idade de cinco anos. Para atingir esse patamar, a criança já deve estar conseguindo se comunicar verbalmente de forma satisfatória, o que demanda razoável tempo de tratamento.

> *Isto permite compreender porque o uso da palavra "eu" é relativamente tardio na criança. Ela a usará quando tiver tomado consciência de sua própria perspectiva, distinta da perspectiva dos outros, e as tiver distinguido todas do objeto exterior... O "eu" intervém quando a criança compreende que todos os "você", os "tu" que se lhe dizem são para ela "eu", vale dizer que é preciso que ela tenha consciência da reciprocidade dos pontos de vista para que a palavra "eu" possa ser empregada* (MERLEAU-PONTY, 1984)

Ainda sobre o desenvolvimento da consciência da existência do eu, não é raro que adolescentes e adultos, mesmo com nível cognitivo normal ou superior, precisem de um modelo externo que possam anexar e "usar". Seguem dois exemplos presenciados. O primeiro com um paciente, um adolescente de 14 anos, com nível acadêmico e inteligência normal, que, durante a consulta, falava com prosódia tão peculiar que supus que fosse de algum personagem (ecopraxia), e questionei:

– Qual é esse personagem que você está falando igual a ele?

– Fulano – e respondeu o nome do personagem.

– Porque você está imitando ele e não usa o personagem Roberto (nome fictício - nome dele)?

– Como assim?

– Nós somos nossos personagens, você o personagem Roberto, e eu o personagem Walter. Nós fazemos igual somos, não precisamos copiar.

– Eu sou o Roberto, mas não sei fazer como deve ser o Roberto.

– Então você deve conversar isso com seu psicólogo para ele te ajudar a ser como você é. O seu jeito é "legal"...

O segundo exemplo foi com um menino de aproximadamente nove anos cuja mãe trazia como uma de suas queixas o fato de que o filho tinha muitos amigos imaginários, todos de "funcionamento" egosintônico, e isso a deixava preocupada e confusa:

–... Sua mãe falou que você tem muitos amigos imaginários, aqueles que só você sabe que existe. É verdade?

– É, muitos.

– Você os vê?

– Não, só escuto.

– E são muitos?

– São.

– Como é? O que eles falam?

– Tem um para cada tipo de assunto. Um para coisas alegres, outro para tristes, outro para o que eu fiz de errado e não devia, outro que fala antes de fazer coisa errada, assim. Um para cada coisa.

– Isso não é comum. Eu que estou velhinho nunca vi uma criança ter tantos amigos imaginários. Você já pensou que isso é seu pensamento? Que é você quem pensa isso e ainda não percebeu?

– É, pode ser mesmo! Porque eles falam igual eu deveria fazer sempre!

É frequente a manutenção de prejuízo na consolidação da consciência da existência do eu em crianças maiores, adolescentes e até adultos, mesmo que tenham inteligência nos parâmetros normais por testes psicométricos. Familiares relatam que essas pessoas são "sem noção", querendo dizer que eles não entendem ou percebem como é esperado que eles se comportem, de acordo com os contextos sociais, que repetem comportamentos que aprenderam, intelectivamente, em situações que consideram iguais (e não são), são inflexivelmente sinceros e, portanto, não percebem que sendo assim magoam/ofendem os outros. O autorrelato da percepção da existência da consciência do eu da maioria[16] dos pré-adolescentes, com inteligência preservada, é pobre, como: "eu sou um cara excelente; eu moro naquele prédio azul; eu gosto de videogame". A psicologia cognitiva traz o prejuízo da Teoria da Mente, junto com a Teoria das Funções Executivas e a Teoria da Coerência Central, como um marco nuclear do desempenho das pessoas com AI/TEA, e identificar a vivência subjetiva da outra pessoa requer uma sólida estrutura da consciência da existência do eu do observador, mesmo que a referida vivência psíquica nunca tenha sido vivida.

Os desenhos, as produções de textos, com frequência, seguem o mesmo padrão de "copiar e colar" imagens e/ou fatos de outros personagens e histórias às figuras humanas do relacionamento estreito.

Um mecanismo esperado e muito "utilizado" em crianças e que persiste por muito tempo na vida dos afetados por AI/TEA é a mãe funcionando como consciência da existência do eu "auxiliar", de modo que ela está sempre vigiando e dando dicas e ordens de como ele deve proceder

[16] Nota do autor.

e intermediando as relações com terceiros. Outra tática é a que a própria pessoa imita alguém, em quase tudo como uma ecopraxia dinâmica (não restrita a um enredo já visualizado ou ocorrido), ou seja, ele "copia" uma consciência de eu do outro e cola em si mesmo, funcionando "como se".

Como no último exemplo, fica evidente que um prejuízo da consciência da existência do eu afetará a consciência da unidade do eu, em que é esperada a vivência do eu, único, inteiro e indivisível. A consolidação, normal, da consciência da existência do eu é um processo que repercutirá diretamente na consciência da unidade do eu, em que as crianças vivenciam uma pluralidade de modelos externos, vindo dos familiares e educadores. A chamada crise dos três anos, normal e esperada, quando as crianças, em geral, apresentam frequentes comportamentos desafiadores (fazem muitas birras) é, na verdade, uma etapa desse processo em que ela não quer fazer como é mandada ("ser"/agir da forma que a outra pessoa quer), preferindo exercitar sua forma de ser (*sua* consciência de existência do eu na forma de *sua* atividade do eu).

O egocentrismo é uma das características de maior frequência na população afetada pelo AI/TEA, independente de idade e nível cognitivo, que, por consequência, amplia o prejuízo de toda atividade psíquica, agravando o quadro clínico psiquiátrico. Sobre o tema, Guillaume (*apud* Merleau-Ponty, 1984) escreve: *O eu primordial, sendo virtual ou latente, o egocentrismo não seria de forma alguma, como a palavra poderia fazer supor, a atitude de um eu que se percebe a si mesmo expressamente, é antes a atitude do eu que se ignora, e vive tão bem nos outros quanto em si mesmo, mas que, ignorando-os também em sua separação, não está em verdade mais consciente deles que de si próprio.* Ou seja, é outro prejuízo da consciência dos limites do eu.

Prejuízo na consciência dos limites do eu pode ser identificado pelo frequente fenômeno do transitivismo (... a ausência de uma separação entre o "eu" e o outro... – Merleau-Ponty, 1984). O exemplo clássico é o do berçário, quando um bebê chora, outros também choram a partir do choro do primeiro. Na prática clínica com os afetados por AI/TEA, já acima de dois anos (acima da idade esperada de até um ano), o que vemos é uma contínua busca simbiótica (dificuldades de distanciamento espacial da mãe ou separação) com, usualmente, a mãe. A criança apresenta comportamentos e emoções distintos e amplificados quando na presença da mãe em relação a outras pessoas, demonstrando por meio da exigência da contiguidade corporal (colo) contínua e/ou de mudanças emocionais e comportamentais quando a mãe modifica as suas. Por exemplo: quando, durante a consulta, muda-se de um assunto neutro para um negativo, preocupante, ansiogênico para a mãe, a criança chora e faz birra. Outro exemplo: durante uma consulta, uma mãe que morava somente com o filho dizia sobre as crises de agressividade dele, um adulto jovem: "Eu percebi de um tempo para cá que ele reage a 'tudo' que eu sinto, como se captasse no ar. Parece que estamos continuamente unidos, como se ele fosse eu. Eu tenho que primeiro pensar (saber) se as crises dele são dele mesmo, ou são de meu estado de espírito e humor".

Durante o processo de ecopraxia, em pacientes em idade escolar ou acima, é evidenciado um laivo de prejuízo da consciência da atividade do eu, pois, se perguntado durante a vivência, o afetado tem uma dúvida por breve tempo e mesmo pode responder que o responsável pelos atos é o personagem, e não ele.

Na situação em que as pessoas afetadas por TEA apresentarem vivências psicóticas, a consciência do eu, obviamente, estará afetada em outras dimensões, aqui não abordadas.

17. AUTOCRÍTICA

A autocrítica possui duas etapas, a da identificação do "eu" em determinada situação e a da solução. A última é compreensível por seu próprio enunciado, e a primeira pode ser clareada pela frase: "O que está acontecendo comigo e no entorno que diz respeito a minha pessoa?".

Não considero possível uma avaliação clara da qualidade de autocrítica nos afetados por AI/TEA antes dos oito a nove anos, quando o esperado é de cinco a seis.

Em crianças com AI/TEA acima de oito anos, é frequente a vivência de não conseguir separar claramente realidade de não realidade, sem as características de delírio, por exemplo: um paciente de nove anos me respondeu que tem inúmeros amigos imaginários, um só para alegria, outro para brincadeiras, outro para coisas ruins, outro para repreensão, etc. Questionei-o se eles falavam algo que fosse discordante dele, paciente, ou que nunca tivesse sabido. Respondeu-me que não. Perguntei se ele não achava que os amigos imaginários traziam ideias que pareciam ser suas. Respondeu que sim. Perguntei então porque ele não tinha percebido que as ideias eram suas e por isso não precisava mais de amigos imaginários. Ele respondeu que nunca havia pensado nisso. Nesse exemplo a consciência de existência do eu também está afetada.

Há prejuízo na autocrítica dos afetados por AI/TEA evidente principalmente no que concerne às regras do mundo social, pela demonstração de ausência de sentimento de estranheza no autocomportamento peculiar de como se vestir (ir à aula com a roupa de um super-herói, de pijama, etc.), não se incomodar com a repercussão social da falta de sua higiene pessoal, durante o recreio preferir ficar andando fazendo estereotipias e em solilóquio que brincar com colegas, preferir ir para a biblioteca e ficar lendo, preferir assuntos e conversas com adultos que com os pares, etc. O padrão dos afetados, mesmo adolescentes, é responderem que eles têm amigos, mas, quando perguntamos aos pais, obtemos a informação de que o/a filho/a não tem amigos/as, que tem, na verdade, colegas, que só os encontra na escola e não realiza nenhum movimento para manter o relacionamento. Um dos pacientes respondeu, quando questionado, que não estava mentindo, pois há dois anos foi convidado para a festa de aniversário de um colega, ou seja, o referido apresentava déficit de autocrítica.

A ingenuidade[17] (prejuízo na percepção de situações de risco para a autopreservação, quando a pessoa acredita no literalmente falado sem considerar as informações não verbais e corporais, e o contexto em que o fato está ocorrendo, etc.) é claramente identificada pelos pais desde a infância e é difícil de ser superada pelo déficit de autocrítica, e presente mesmo em adultos com histórico de boa evolução ou boa capacidade intelectiva. Até o início da adolescência é frequente que os afetados por AI/TEA considerem os colegas como amigos – sem incorporar que o conceito de amigo transcende ao de colega. É real e concreta a incapacidade de o afetado perceber se o outro está mentindo, enganando-o. Esse fato, aliado à menor "noção" de risco, torna-os uma "presa" fácil para os mal-intencionados (os predadores) em relação a sua pessoa e bens.

[17] Déficit da Teoria da Mente.

18. INSTINTO

Encontrar artigos sobre os prejuízos do sono é tarefa fácil, assim como incluir esse questionamento na anamnese, mas ainda não faz parte da prática clínica com a população AI/TEA, mesmo que seu início possa estar presente já nos primeiros dias de vida. Sua importância é o efeito devastador no desenvolvimento da criança (Sikora *et al.*, 2012), que já é prejudicado pelo autismo em si, possivelmente por Retardo Mental como comorbidade.

Outro grave prejuízo de instinto primário de auto-preservação da vida é, literalmente, a não demonstração de incômodos seja por fome, sede, por estar molhado, sujo, etc., não raros, notadamente quando bebês. Nessa condição e quando questionado, é relatado que o/a paciente é ou era um bebê calmo, chorava pouco, dormia muito e que não chorava nem para mamar – se se deixasse, ficaria muitas horas sem mamar.

Outro item sobre instintos básicos, de sentimento de segurança e afetividade, é o frequente comportamento desses bebês que preferiam ficar no berço sozinhos, consigo mesmos a irem para o colo da mãe ou das pessoas, assim como demonstrarem insatisfação quando retirados do berço. Para tanto não esticam os braços (não utilizam a linguagem corporal como movimento antecipatório) para serem retirados de lá.

Outro comportamento diferente do padrão é o relato de o bebê ou a criança acordar à noite e não chorar e se comportar como se fosse de dia – ficar brincando e não ter medo de escuro.

O inverso do descrito também pode acontecer, como o bebê dormir muito, ser irritadiço e chorar demais, só acalmar quando mama, etc.

19. CONCLUSÃO

Como se pode ver aqui, os prejuízos encontrados pela Psicopatologia Fenomenológica Descritiva do AI/TEA não se encaixam nos antigos conceitos de "neuroses" e nem nos atuais das psicopatias e das psicoses – é outra estruturação psíquica!

A perspectiva da Psicopatologia Fenomenológica gera a possibilidade de real compreensão do transtorno psiquiátrico Autismo Infantil / Transtorno do Espectro do Autismo, tanto em suas partes (sinais e sintomas) como no todo, gerando, assim, novas perspectivas terapêuticas para essa população.

REFERÊNCIAS

AJURIAGUERRA, J. *Manual de psiquiatria infantil*. Rio de Janeiro: Atheneu, 1980.

AMERICAN PSYCHIATRIC ASSOCIATION. *Diagnostic and statistical manual of mental disorders*. 4. ed. Washington, 1994.

AMERICAN PSYCHIATRIC ASSOCIATION. *Manual diagnóstico e estatístico de transtornos mentais*. 5. ed. Porto Alegre: Artmed, 2014.

ARCOVERDE, S.; ROAZZI, A. Aquisição de verbos fativos e contrafativos e a teoria da mente em crianças. *Temas em Psicologia*, n. 3, p. 79-116, 1996.

ASTINGTON, J.; JENKINS, J. A longitudinal study of the relation between language and theory-of-mind development. *Dev. Psychol.*, 35 (5), p. 1311-1320, 1999.

BARKLEY, R. *ADHD and the nature of self-control*. New York: The Guilford Press, 1997.

BARON-COHEN, S.; LESLIE, A.; FRITH, U. Does the autistic child have a "theory of mind"?. *Cognition*, 21 (1), p. 37-46, 1985.

BITTNER, A. *et al.* What characteristics of primary anxiety disorders predict subsequent major depressive disorder?. *Journal of Clinical Psychiatry*, 65 (5), p. 618-626, 2004.

BORA, E. Relationship between insight and theory of mind in schizophrenia: a meta-analysis. *Schizophrenia Research*, (190), p. 11-17, Dec. 2017.

BUXBAUM, J.; HOF, P. *The neuroscience of autism spectrum disorders*. UK: Elsevier, 2013.

CAMARGOS JR., W. Diagnóstico precoce do transtorno do espectro do autismo. In: BRITO, M. C.; MISQUIATTI, A. R. N. (Org.). *Transtornos do espectro do autismo e fonoaudiologia*: atualização multiprofissional em saúde e educação. Curitiba: CRV, 2013.

CAMARGOS JR., W.; NOCE, T. A história natural do autismo infantil em um hospital público pediátrico terciário: evoluções com atrasos globais do desenvolvimento, com regressão parcial e plena. *Revista Médica de Minas Gerais*, v. 24, n. 2, p. 150-154, 2014.

CANITANO, R. Mood stabilizers in children and adolescents with autism spectrum disorders. *Clinical Neuropharmacology*, 38 (5), p. 177-182, 2015.

CERON-LITVOC, D. Uma proposta fenômeno-estrutural para o desenvolvimento humano de 0 a 24 meses. *Ciências da Saúde*, São Paulo, 2017.

CHENIAUX, E. *Manual de psicopatologia*. Rio de Janeiro: Guanabara Koogan, 2015.

COSTELLO, E.; EGGER, H.; ANGOLD, A. The developmental epidemiology of anxiety disorders: phenomenology, prevalence, and comorbidity. *Child and Adolescent Psychiatric Clinics of North America*, 14, p. 631-648, 2005.

DALGARRONO, P. *Psicopatologia e semiologia dos transtornos mentais*. 2. ed. Porto Alegre: Artmed, 2008.

ESPINÓS, U.; FERNÁNDEZ-ABASCAL, E.; OVEJERO, M. What your eyes tell me: theory of mind in bipolar disorder. *Psychiatry Res.*, (17), p. 30427-4, Sep. 2017.

EY, H. *La conciencia*. Madrid: Editorial Gredos, 1976.

FERREIRA, P. *et al.* Estratégias de percepção da língua materna: do nascimento até um ano de vida. *Revista CEFAC*, v. 18, n. 4, p. 982-991, 2016.

GOLDSTEIN, S.; SCHWEBACH, A. The comorbidity of pervasive developmental disorder and attention deficit hyperactivity disorder: results of a retrospective chart review. *Journal of Autism and Developmental Disorders*, 34 (3), p. 329-339, 2004.

GRANDIN, T. *Thinking in pictures*. My life with autism. New York, 1995.

GRELOTTI, D. *et al.* fMRI activation of the fusiform gyrus and amygdala to cartoon characters but not to faces in a boy with autism. *Neuropsychologia*, 43 (3), p. 373-385, 2005.

HAPPÉ, F. Wechsler IQ Profile and theory of mind in autism: a research note. *The Journal of Child Psychology and Psychiatry*, 35 (8), p. 1461-1471, 1994.

HOFMEIJER-SEVINK, M. *et al.* Presence and predictive value of obsessive-compulsive symptoms in anxiety and depressive disorders. *Canadian Journal of Psychiatry*, 63 (2), p. 85-93, 2018.

JASPERS, K. *Psicopatología general.* Buenos Aires: Beta, 1975.

KHANDAKER, G. *et al.* A population-based longitudinal study of childhood neurodevelopmental disorders, IQ and subsequent risk of psychotic experiences in adolescence. *Psychological Medicine*, 44 (15), p. 3229-3238, 2014.

KHANZADA, N.; BUTLER, M.; MANZARDO, A. Gene Analytics Pathway Analysis and Genetic Overlap among Autism Spectrum Disorder, Bipolar Disorder and Schizophrenia. *International Journal of Molecular Sciences*, 28 (18), 2017.

LAMBERTUCCI, M.; MAGALHÃES, L. Terapia Ocupacional nos Transtornos Invasivos do Desenvolvimento. In: CAMARGOS JR., Walter *et al. Transtornos invasivos do desenvolvimento*: 3º milênio. Brasília: CORDE, 2005.

LOSAPIO, M.; PONDE, M. Tradução para o português da escala M-CHAT para rastreamento precoce de autismo. *Revista de Psiquiatria do Rio Grande do Sul*, 30 (3), p. 221-229, 2008.

MERLEAU-PONTY, M. *As relações com o outro na criança.* Belo Horizonte: Imprensa Oficial de minas Gerais, 1984.

MIRANDA-SÁ JR., L. *Compêndio de psicopatologia e semiologia psiquiátrica.* Porto Alegre: Artmed, 2001.

NOGUEIRA, M. *et al. Exame das funções mentais*: um guia. 3. ed. Rio de Janeiro: Atheneu, 2016.

ORGANIZAÇÃO MUNDIAL DE SAÚDE. *Classificação Estatística Internacional de Doenças e Problemas Relacionados à Saúde.* 10 ed. rev. Brasília, 1987.

PAIM, I. *Curso de psicopatologia.* São Paulo: Ciências Humanas, 1979.

PEREIRA, A.; RIESGO, R.; WAGNER, M. Autismo infantil: tradução e validação da Childhood Autism Rating Scale para uso no Brasil. *Jornal de Pediatria*, 84 (6), p. 487-94, 2008.

PIAGET, J. *Construção do real na criança*. 3. ed. São Paulo: Ática, 1996.

PIAGET, J. *O nascimento da inteligência na criança*. 4. ed. Rio de Janeiro: LTC, 1987.

RITVO, E.; AMNELLI, E. *Medical assessment in autism*: diagnosis, current research and management. New York: Spectrum Publications Inc., 1976.

SCAIFE, M.; BRUNER, J. The capacity for joint visual attention in the infant. *Nature*, 253 (5489), p. 265-266, 1975.

SCHULTZ, R. *et al.* The role of the fusiform face area in social cognition: implications for the pathobiology of autism. *Philosophical Transactions of the Royal Society of London. Series B, Biological Sciences*, 28 (358), p. 415-427, 2003.

SIEGEL, M. *et al.* Preliminary investigation of lithium for mood disorder symptoms in children and adolescents with autism spectrum disorder. *Journal of child and adolescent psychopharmacology*, 24 (7), p. 399-402, 2014.

SIKORA, D. *et al.* The relationship between sleep problems and daytime behavior in children of different ages with autism spectrum disorders. *Pediatrics*, 130 (Supl. 2), p. S83-90, 2012.

SOUZA, T.; PAYÃO, L. Apraxia da fala adquirida e desenvolvimental: semelhanças e diferenças. *Revista da Sociedade Brasileira de Fonoaudiologia*, v. 3, n. 2, p. 193-202, 2008.

SPITZ, R. *O primeiro ano de vida*: um estudo psicanalítico do desenvolvimento normal e anômalo das relações objetais. São Paulo: Martins Fontes, 1993.

SULLIVAN, P. *et al.* Family history of schizophrenia and bipolar disorder as risk factors for autism. *Arch. Gen. Psychiatry*, 69 (11), p. 1099-103, 2012.

VAN STEENSEL, F.; BOGELS, S.; PERRIN, S. Anxiety disorders in children and adolescents with autistic spectrum disorders: a meta-analysis. *Clinical Child and Family Psychology Review*, 14, p. 302-317, 2011.

WITTCHEN, H. *et al.* Depressive episodes – evidence for a causal role of primary anxiety disorders?. *European Psychiatry*, 18 (8), p. 384-393, 2003.

Este livro foi composto com tipografia Minion
e impresso em papel Offset 90g. na Formato Artes Gráficas.